JN292487

旅館業の
変遷史論考

木村吾郎

福村出版

[JCOPY] 〈(社)出版者著作権管理機構 委託出版物〉
本書の無断複写は著作権法上での例外を除き禁じられています。複写される場合は、そのつど事前に、(社)出版者著作権管理機構（電話 03-3513-6969、FAX 03-3513-6979、e-mail: info@jcopy.or.jp）の許諾を得てください。

はしがき

　旅館業は、日本人の国内旅行往来にとって必要不可欠な宿泊サービス業であった。昭和戦後の高度経済成長期あたりから、都市部を主要な市場としたホテルが、急速に店舗展開してきたことによって、かつての「駅前旅館」が「駅前ホテル」に取って代わられた現実が象徴するように、宿泊サービス供給市場で築かれた旅館の独占的地位は、後退を余儀なくされるようになった。近年に限ってみれば、バブル経済の崩壊、リーマン・ショックと世界同時不況など、度々の景気変動および需要変動の影響とあいまって、全国的に旅館の整理縮小を伴う需給調整が進行しつつある。このような現状のもとにおいても、温泉観光地によっては、観光旅行客の強い支持を背景に、温泉と湯治文化を付加価値とした旅館が集積し、なかには大型の「ホテル型旅館」へ発展移行したものなどを含めて、その関連サービス業とともに、地域経済を形成している事例は、結構多いようである。

　かくて、今日の旅館業の現状は、量的成長時代の調整を伴いながら、次の段階の質的成長を目指す方向にあるとみられるのである。

　翻って、旅館業が今日に至る量的・質的成長発展にとって、個別企業の主体的経営努力が大きいことはいうべくもないが、昭和戦前期には鉄道省の鉄道交通政策、昭和戦後期では運輸省の国際観光政策、厚生省の中小企業政策と関連立法化とを合せた誘導支援および政策金

融を通じて、国が関与した側面的重要性を指摘しておかねばならない。

ところで、旅館が有する特徴的機能は、訪日外国人旅行者に、国際交流の場として日本人の伝統文化や情緒にふれ、体験してもらえる最適なポジションにあることであろう。そのことは同時に、国際観光経済推進の重要なメンバーであることを意味しており、「住んでよし、訪れてよしの国づくり」を目指す国の『観光立国推進計画』（国土交通省編『平成19年版観光白書』）にとって旅館への期待が、以前にも増して高まっているのである。こうした事態のうえからも、質的成長とそのレベルアップを促進させねばならないであろう。

経営単位でみた旅館業の平均規模は、他の産業と比べて決して大きいといえないが、全国の施設数合計でみれば、平成20年度末現在で50,846（厚生労働省）というように、量的にも多大な経済的・社会的存在となっており、温泉地旅館の入湯税収入済額に限ってみても年間で240～250億円（平成14～18年度、総務省自治税務局）にもなるなど、雇用を含めて、産業連関のうえからも、軽視しえない経済規模にあることは確かである。

本書は、旅館業が果たしている社会的・経済的重要性の認識に立脚し、国内観光はもとより、国際観光経済に果たす側面にも注目を払いつつ、明治維新期から平成の現状に至る旅館業の史的変遷過程の解明を試みたものである。

また本書は、前著『日本のホテル産業100年史』（明石書店、2006）とともに、サービス業研究の一環として取り組んだもので、いまなお問題提起の域を出ていないが、多少なりとも裨益するところがあれば幸いである。記述に誤解あるいは誤謬があるとすれば、すべて筆者の責任である。読者諸賢のご叱正、ご教示をお願いしたい。

はしがき

　記述の作業に当たって、株式会社大阪旅館会館事務局長河原良雄氏、株式会社シナ忠社長故白木信平氏、愛知県ホテル・旅館生活衛生同業組合本部事務局の方々、社団法人全日本シティホテル連盟会長清水信夫氏、大阪商業大学小田　忠氏の各位から、貴重な資料や有益なご教示を頂いた。衷心より感謝し、御礼申し上げる次第である。

　また、愛知県図書館、名古屋市鶴舞中央図書館の司書の方々には、面倒な検索や県外からの借出しに当たって、親切に対応頂いたことに感銘を受けている。

　本書の出版に当たって、株式会社明石書店・福村出版株式会社社長石井昭男氏から、前回に続いて今回もまた温かいご配慮を頂いた。また、何かとお世話下さった宮下基幸氏と合せて、厚く御礼申し上げます。

　　平成22年　4月

　　　　　　　　　　　　　　　　　　　　　　　　　木村　吾郎

目　次

はしがき　3

第1章　「旅籠屋」「湯治宿」から「旅館」への業名変遷過程

1. 宿駅制度の廃止と「旅籠屋」時代の終焉……………………………… 16
   明治新政府の重要布告
2. 温泉地の湯治宿………………………………………………………… 18
   温泉利用と湯治宿の成立
3. 『宿屋取締規則』と警察行政…………………………………………… 20
   「宿屋」の名称の始まり
   『規則』制定の時代的背景
4. 「旅館」の屋号化の始まり……………………………………………… 23
   「屋」から「旅館」への過程
5. 「旅館」の屋号化成立仮説……………………………………………… 27
   政府高官レベルで認知されていた「旅館」の名称
6. 「旅館」の業名確立と『旅館業法』の成立…………………………… 29
   営業目的と営業施設の基準を定めた『旅館業法』

第2章　鉄道駅の設置と「駅前旅館」の出現

1. 交通革命の打撃………………………………………………………… 32
   旧宿場から離れた地点に設置された鉄道駅

2. 駅前へ進出した旅館の諸相……………………………………… 34
   商業街区形成の先駆けとなった「駅前旅館」
3. 旅館の「駅弁」の始まり…………………………………………… 37
   「駅弁」事業者の系譜
4. 「駅弁」から多角事業化の事例………………………………… 38
   名古屋・志那忠旅館の「駅弁」と多角事業

第3章 鉄道省の観光旅行客増強対策事業

1. 増収対策の始まり………………………………………………… 42
   観光旅行促進を演出した鉄道省
2. ビューローの「クーポン式遊覧券」と「指定旅館」の始まり…… 45
   ビューローと旅館の関係
3. 鉄道省主催の団体観光旅行……………………………………… 47
   団体観光旅行ブームの到来

第4章 経営改善と近代化意識の高まり

1. 「茶代廃止運動」と「全国同盟旅館協会」の結成………………… 52
   「茶代廃止」の意味
   白木周次郎の功績
2. 旅館経営後継者の実務教育に貢献した箱根・富士屋ホテル… 55
   Fujiya Hotel Training School 開設者山口正造

第5章　昭和戦前期の旅館の統計記録と経営環境

1. 全国および三大都市（東京市、大阪市、名古屋市）の
   旅館軒数記録……………………………………………………… 60
   　昭和戦前期の状況
   　東京市の特異な構造
2. 三大都市の宿泊人員数記録……………………………………… 62
   　ビジネスと都市観光の集客力
3. 季節と旅行の行動様式…………………………………………… 65
   　旅行行動を規定した国土の自然条件
4. 昭和10年前後の時代の経営環境………………………………… 67
   　旅行往来の活発化と旅館の経営環境を一変させた戦争

第6章　宿屋・旅館同業組合組織の変遷

1. 宿屋・旅館業組合と統制組合…………………………………… 72
   　『宿屋営業取締規則』の本質
   　組合規約で義務規定した宿泊料金
   　大阪府の宿泊料認可標準規定
   　戦時下統制組合への再編と宿泊料金統制
2. 『環衛法』と旅館環境衛生同業組合……………………………… 81
   　戦後過渡期の業界組織
   　対個人サービス業急増の構造と需給不均衡問題
   　『環衛法』立法化の背景

組織化と調整事業を保障した『環衛法』
　　　都道府県別同業組合と全国同業組合連合会の組織結成
　　　同業組合と全国同業組合連合会（全旅連）の活動
　　　同業組合の事業

第7章　国際観光事業の復活と旅館の組織化対応

1. 国際観光事業の経緯……………………………………………… 92
　　　貿易収支改善問題と国際観光事業
2. 国際観光旅館連盟結成の背景…………………………………… 94
　　　旅館業界最初の国際観光事業
3. 会員資格要件と会員数の推移…………………………………… 95
　　　外国人旅行客に適応可能な会員の条件
4. 『国際観光ホテル整備法』の成立……………………………… 97
　　　登録旅館制度の始まり
5. 「登録旅館」と国観連会員旅館の関係………………………… 99
　　　国観連会員の減少と登録旅館増加の問題
6. 『整備法』の特例優遇措置……………………………………… 100
　　　優遇税制と政府系金融機関の融資

第8章　日本観光旅館連盟と日本交通公社協定旅館連盟

1. 日本観光旅館連盟結成のいきさつ……………………………… 104
　　　国鉄と旅館業の関係
　　　日本観光旅館連盟へ改組された理由

日観連と国観連の再編統合問題
　　　会員数増加から減少への趨勢
 2.「旅館券」の復活と日本交通公社協定旅館連盟……………… 110
　　　「旅館券」と送客実績
　　　公社協定旅館連盟の結成
　　　協定旅館制度の特質

第9章　戦後復興期から平成期への変遷過程
　　　―量的成長の限界と質的成長への方向―

 1. 宿泊サービス供給市場の構造と変化の動向……………… 116
　　　「宿泊業」の形成と宿泊サービス供給市場の構造
　　　「宿泊業」施設数の長期趨勢
 2. 環境変化の諸要因と旅館経営への影響……………… 120
　　　昭和20年代の状況
　　　高度経済成長時代へ
　　　女子雇用労働者不足の衝撃
　　　経営合理化・省力化の必然性
　　　施設の洋式大型化と「ホテル型旅館」の出現
　　　リゾート開発ブームとバブル崩壊の影響
 3. 全国地方別・都道府県別旅館施設数の動向……………… 129
　　　施設数の縮小・調整が全国的に拡大
 4. 三大都市東京都・大阪市・名古屋市の動向……………… 132
　　　社会的環境変化とホテル急増の打撃

5. 全国旅館客室数の動向と客室数規模の意味……………………… 135
   客室数規模拡大化の方向
   客室数規模の多面的意味
6. 全国の温泉地と温泉旅館…………………………………………… 139
   昭和戦後に急増した温泉地
   温泉観光旅館へ発展
   大型化した温泉旅館

第10章　ホテルの成長発展と旅館への影響

1. ホテルの全国展開と旅館の対応…………………………………… 144
   ホテル進出で生じた旅館との葛藤
   景気変動とホテル新設の関係
2. ホテル需要の大衆化傾向と「中級ホテル」構想………………… 148
   都市旅館の強敵となる「中級ホテル」
3. 「ビジネスホテル」の出現と変遷過程…………………………… 150
   「ビジネスホテル」の意味
   全日本ビジネスホテル協会の会員資格要件
   経営の概要
   単機能型から多機能型経営形態への変貌
   全日本シティホテル連盟と改称
   連盟会員ホテルの消長
4. ホテルチェーンの全国多店舗展開戦略…………………………… 157
   ホテルチェーンの二つの方式
   ホテルチェーンとホテルグループの現況

駅前立地指向のビジネスホテル
　　　低料金戦術の事例
　　　「駅前旅館」から「駅前ホテル」への変貌
　5．「ホテル収容力率」拡大化の方向……………………………………… 167
　　　都道府県別「ホテル収容力率」と観光資源の関係
　　　全国指定都市の状況

第11章　観光旅行需要拡大化の態様と旅館の対応

1．観光旅行需要拡大化の諸条件……………………………………… 174
　　マス・ツーリズム時代の実現
2．『家計調査』にみる観光旅行費支出……………………………… 175
　　パック旅行の盛況
3．国内宿泊観光旅行の動向…………………………………………… 177
　　期待される「観光立国推進基本計画」
4．旅館の対応―再び屋号の意味について………………………… 179
　　「ホテル型旅館」の利用率が高まる観光旅行
　　「ホテル」を屋号とした事例

引用・参照文献目録………………………………………………… 183

第1章
「旅籠屋」「湯治宿」から「旅館」への業名変遷過程

1. 宿駅制度の廃止と「旅籠屋」時代の終焉

明治新政府の重要布告

　明治期に始まるわが国の、近代化の歩みと共に発展してきた旅館には、およそ二つのルーツがあると考えられる。その一つは、江戸時代に、旅人の宿泊施設として出現した旅籠屋（ハタゴヤ）で、現代までおよそ400年近い歴史を有することになる。

　徳川幕府は、近世初頭の慶長から元和年間（1615〜23）に、東海道をはじめ主要な街道に宿駅を設定した。宿駅は、「御伝馬之定」（慶長6年＝1601）に基づいて、公儀役としての伝馬制を布き、交通運輸の駅伝業務を扱うために設定された（宇佐美ミサ子『宿場の日本史』、吉川弘文館、2005）。

　宿駅（宿場とも呼ばれた）には、宿泊施設として本陣・脇本陣が設置され、旅籠を営む者が発生した。幕府の要人、大名などの宿泊には本陣・脇本陣が当てられ、下級武士や百姓町人等一般の旅行者の宿泊は、旅籠屋と呼ばれる施設が利用された。

　江戸時代の通用語であった旅籠という呼称は、本来は旅行用に用いる竹などで編んだかごをいい、人の食料や雑具を運ぶのに用いたことに由来しているとみられる（中村幸彦・岡見正雄・阪倉篤義編『角川古語大辞典』第4・5巻）。この時代、宿泊施設を指す用語に「旅館」を用いた痕跡がみられないのは、「旅館」は漢語で、古代・中世に官人・貴族の公私あるいは流罪人の旅行中に宿泊所となる建物（同上）を意

第1章 「旅籠屋」「湯治宿」から「旅館」への業名変遷過程

味していたからではあるまいか。

　江戸時代を通じて、幕府道中奉行の支配下にあった旅籠屋は、建築・設備に対する「普請作事之定」の法令規制およびたび重なる「質素倹約令」などの束縛下に置かれていたのであるが、この桎梏からの解放は、明治維新になって、新政府による次の二つの布告からであった。

明治元（1868）年町触れ
　「家作之儀は、二階三階石造塗屋とも、勝手次第たるべし」（東京都編纂『都市紀要四』、初田　亨『東京　都市の明治』ちくま学芸文庫、2001 より引用）

明治3（1870）年民部省布告
　「諸宿駅本陣脇本陣之名目、自今被▷廃焼失其外諸御手当類一切被▷差止▷候条、夫々生業可▷相営▷（中略）平生旅籠屋▷而、新規門玄関上段之間等取建候儀不▷苦」（東京都編『東京市史稿市街編』第51巻、1961）

　この二つの布告によって、宿泊施設の営業を志す者は、建物の規模と設備については、まったく自由な裁量で建築することが保証されたことになり、旅籠屋よりも質的に高度な建物と設備の建築が可能になったのである。

　次いで、明治5（1872）年、明治政府の宿駅制度の廃止（明治3年の民部省布告に次いで「今般東海道駅々伝馬所廃セラレ候条、諸官員通行ノ節休泊等、総テ相対ヲ以、相当ノ旅籠料相払、駅方ノ厄介ニ相成ラザル様心付申スベキ旨、御布令アリタリ」明治5年1月、萬国新聞）は、宿場

における本陣・脇本陣および旅籠屋の時代の終わりを宣告するものであった。同時に、維新時代に適応できる"新しいかたち"の宿泊施設への転換を促すサインともなったのである。

2．温泉地の湯治宿

温泉利用と湯治宿の成立

　旅館のもう一方のルーツは、先にふれた旅籠屋とは異なって、全国各地の温泉地で始まった湯治宿を源流としたものである。

　旅籠屋は、街道を往来する旅行者のための宿泊施設であったのに対して、湯治宿は、温泉地の地域や周辺の住民が、温泉を利用して病気療養や保養＝湯治のために滞在する施設として始まったとされる。

　旅籠屋では、幕府の布達により、逗留は認められず、原則一泊であった（貞享二丑年十一月覚、高柳眞三、石井良助編『御触書寛保集成』岩波書店、昭和33年）。

　湯治宿の場合は、江戸時代、湯治の基本単位は3週間21日を一巡りとし、土地によっては、更に細分化して1週間7日を一巡りとしていたことから、湯治宿で長期の滞在が必要であった（松田忠徳『江戸の温泉学』新潮選書、2007）。

　現代に続く旅館には、大別してこのように二つのルーツがあるが、そもそもの原点からして全く性格を異にするものであった。

　ところで、わが国の温泉についての最古の記録は、『古事記』に記

第1章 「旅籠屋」「湯治宿」から「旅館」への業名変遷過程

された伊予の道後温泉とされる。以来、全国各地で源泉の発見が相次ぎ、温泉が湧出したことで外湯（共同浴場）ができ、人々の利用が増えるにつれて、その周りに湯治宿（湯戸、湯宿ともいう）が成立してくるのは江戸時代であった。

　文化7（1810）年に刊行された『旅行用心集』によると、

　　有馬　湯宿二十軒
　　熱海　湯宿数十軒
　　箱根　七湯四十七軒
　　　　　（湯本　九軒、塔の沢　十二軒、宮の下　八軒、
　　　　　　堂が島　六軒、底倉　四軒、木賀　三軒、芦の湯　五軒）
　　日光山中禅寺　湯宿八軒
　　天寧寺温泉（会津若松城下東一里余山中）　湯宿数十軒

など、湯宿の数が明記された例を含めて、「凡四十ケ国二九二ケ所」に温泉地があると記されている（八隅蘆菴『旅行用心集』八坂書房、昭和47年）。

　さて、湯治客は外湯で入浴し、湯治宿で長期滞在中ほとんどは自炊で過ごすことになり、したがって、湯治宿は宿泊場所を貸すことが主な仕事であったが、「明治大正になって旅籠（宿で食事を出すこと）や出前（客から食事の注文をとり、それを部屋へ持っていくこと）がふえて来た」（宮本常一『日本の宿』社会思想社、昭和40年）とされる。この指摘の背景には、米、味噌などの自炊材料を持たない〈町〉からの湯治客が増えつつあり、その対応として、賄い付の湯治宿へと変わらざるをえなかったと推察される。

こうした湯治客の質的変化は、湯治宿から温泉宿屋（のちの旅館）への発展的移行を促すインパクトになったとみられるのであるが、加えて、明治以後、新規に温泉が開発され、内湯の設置が可能となり、より発展の契機になったとされる（山村順次「湯治場、温泉地、温泉旅館」、長谷政弘編著『観光学辞典』同文館、平成9年）。

3.『宿屋取締規則』と警察行政

「宿屋」の名称の始まり

「大阪旅籠屋仲間組合」は、大阪府の布達に基づき、「我同業者一致団結シ協議ノ上」54か条の『旅籠屋仲間規約』を定めて「商法会議所ノ公儀ヲ経、府庁ノ認可ヲ請ケ取極メタ」のは、明治14（1881）年であった（大阪商工会議所『大阪経済史料集成第九巻』）。したがって、大阪府では、江戸時代以来の「旅籠屋」という伝統名称は、明治期に入ってもなお公私共に認められ、通用していたのである。

しかるに、明治政府は、これまでの旅籠屋など宿泊施設を「宿屋」という業態名称で包括し、各府県に『宿屋取締規則（改正後は『宿屋営業取締規則』）』の制定を命じた。これが「旅籠屋」に替わって、「宿屋」の業名が使用される始まりであった。

この規則は、営業者資格、客室構造、風紀の取締、宿泊者の管理などを規定し、警察行政所管のもとに置かれることになる。

例えば、明治20（1887）年、愛知県令第78号で定められた『宿

屋取締規則』には、
「宿屋ヲ分テ旅人宿下宿屋木賃宿ノ三種トス」(第一条)
 とあり、これまでの旅籠屋の通称は、完全に抹殺され、替わって、法規で定めた「宿屋」の名称が出現することになる。警察行政で宿屋という認識は、当時勃興期にあったホテルも含めた宿泊営業を、一括的に取り締まるための便宜的な呼称であったのではと思われる。ちなみに、愛知県の『宿屋取締規則』は、のちに旅館と自他共に呼称されるようになる「旅人宿」を、次のように定義している。
「旅人宿トハ一泊ノ賄料ヲ得テ行旅ヲ宿泊セシムルモノヲ云フ」(第一条)。更に、
「名古屋区ハ客室二十坪以上其他ハ十五坪以上アル家屋ニ於テ営業スルモノニ限ルヘシ」(第十五条) という客室規模が規定された。
 もっとも、京都府では、「旅人宿ハ客室十坪以上アル家屋ニ於テ営業スル者ニ限ル」(京都府令第58号、第十七条)とあり、客室規模の規定は、府県の実状を斟酌されたのであろう、各県で多少の差異があったことが分かる。
 かくて、京都市の同業者は、明治25(1892)年、『宿屋取締規則』に基づき「京都宿屋業組合」を、同じく名古屋市では、明治43(1910)年に「名古屋宿屋業組合」を創立、業者側においても、「宿屋」の業名を受け入れたのである(京都宿屋業組合『京都宿屋業組合沿革史』昭和8年、白木信平『シナ忠百年の歩み』昭和45年、私家版)。

『規則』制定の時代的背景

 明治政府が『宿屋取締規則』の制定を命じた理由は明らかでないが、

明治10年前後から20年代の政治的・社会的情勢と、深い関わりのあったことが推測される。

　明治7年から9年（1874〜76）にかけて、佐賀の乱、熊本神風連の乱、秋月の乱、萩の乱など、不平士族の反乱が相次ぎ、明治10（1877）年9月、国内最大となった西南戦争が終結した後においても、自由民権運動や地租改正反対の農民一揆が頻発（愛知、神奈川など）、反政府的行動が激しく高揚し、対して明治政府は、政治結社・集会の届け制などを骨子とした『集会条例』（自由民権運動取締法、明治13年）をもって徹底的取締りを行うことになる（京都大学文学部国史研究室編『改訂増補日本史辞典』東京創元社、1983）。

　『宿屋取締規則』は、本来の営業取締とは関係のない、『集会条例』の補完的意図を持って制定されたのでは、という疑いがある。例えば、規則のなかで「宿泊者届」（到着・出発月日時、族籍又ハ国籍、居住所、職業、生年月日、氏名、相貌ノ特徴、前夜宿泊所、行先地を所定の様式で記入し、宿泊人発着毎に朝8時、夕8時に警察署、巡査駐在所に届けることを規定した。愛知県『宿屋取締規則』第22条）を義務付けた規定は、宿屋が犯罪者はもとより、反政府不平分子のアジトになりうる可能性があると疑いの目でみていた証拠であり、彼等の行動を事前に察知し、束縛する手段として宿泊者の身元を調べさせ、即日届けることを罰則をもって強制、義務化したことにある（違背すると、初期の愛知県規則は刑法427条第8項、同京都府は違警罪で処罰された）。治安維持などとは何等の関係もない宿屋が、警察機能の一部の分担を強制された規則であったのである。

　「宿泊者届」の作成は、ホテルも同様に扱われ、「フロントクラークは投宿客が到着のつど、レジスターカードの裏側に身長、特徴などを

第1章 「旅籠屋」「湯治宿」から「旅館」への業名変遷過程

書き込む。レコード係はこれにより全宿泊客の部屋番号、氏名、年齢、身長、特徴などを規定用紙に記入したが、毎日700名内外の宿泊客があり、この名簿作りが大変な作業であった。警察へ翌日午前6時の届けに間に合わすため、一晩中かかって名簿を作った」(『夢を託して—第一ホテル社史』1992)という東京・第一ホテルに残された昭和戦前の記録から、大変な労力と時間が必要であった実情が明らかにされている。

このように、『宿屋取締規則』は、宿屋にとって過酷で迷惑至極な側面をもっていたのである。

4.「旅館」の屋号化の始まり

「屋」から「旅館」への過程

今日では、日本の宿泊業の代名詞でもある「旅館」の名称は、いつの頃から使用されるようになったのであろうか。また、業名としての「旅館」を、営業者の屋号に付けるようになった経緯も定かでないし、その時点の特定もまた困難というのが実状である。そこで、目に触れた範囲の限られた資料ではあるが、三つの時点から、記録に残る屋号の変遷事例をみてみよう。

① 享保18(1733)年、東海道三州赤坂宿
　旅籠屋80軒の屋号の事例

尾張屋、加島屋、藤屋など「屋」であったもの 31 軒
　　平助、兵右衛門、孫十郎など亭主（？）と思われる「名前」
　　だけのもの 49 軒
　　このほかの屋号はみられない。
　（注）野田甚五兵衛代官宿改図を整理再現された近藤恒次編『東海道御
　　　油・赤坂宿交通資料』（国書刊行会、昭和 55 年）による。

　江戸時代、街道の宿場には、「百姓を兼たる旅籠屋」（東海道川崎宿本陣田中丘隅「民間省要革編巻之三」、滝本誠一編『日本経済大典第五巻』明治文献、昭和 41 年）が存在していたことと、赤坂宿の 62 軒の旅籠屋は、大 19 軒、中 19 軒、小 24 軒（天保十四年改め、児玉幸多校訂『東海道宿村大概帳』吉川弘文館）であったことをもとに推察すると、「屋」であった 31 軒は、大・中規模の旅籠屋専業者、人名の 49 軒は小規模の「耕作を業として、敢て是を心とせず」（田中上掲書）という兼業者であったのであろう。この事例のように、旅籠屋時代の大方の屋号は、人名もしくは「屋」に集約される単純なものであったとみられる。

②　明治末期〜大正初期（1912 年前後）、温泉地を主とした 18 地点
　　26 軒の屋号の事例
　　「屋」9 軒、「館」5 軒、「楼」4 軒、
　　「旅館」「湯」「ホテル」各 1 軒、「その他」5 軒

　この事例は明治末期に興隆した自然主義文学の先駆者田山花袋が、全国各地の温泉地を訪れ、その印象をもとに著した『温泉めぐり』（大正 7 年初版、岩波文庫版、2007）に記載のある「屋号」である。

第1章 「旅籠屋」「湯治宿」から「旅館」への業名変遷過程

　田山は、文中で宿泊施設を表現するとき、「旅舎」または「浴舎」と記してはいるが、「宿屋」や「旅館」という用語を全く使用していない。この時点では、「宿屋」も「旅館」もいまだ一般的用語化していなかったのでは、と思われる。

　さて、屋号の事例は少数ではあるが、旅籠屋時代の「屋」だけの域を超えて、きわめて多種になっているのが注目点である。「屋」（例、吉奈温泉・豆腐屋、正しくは東府屋）、「館」（例、松江・皆美館）、「楼」（例、湯ヶ島・落合楼）という屋号の個性化は、この時代に施設の多様化傾向が進み、互いに差別化を意図した結果でもあろう。

　他方、僅か一例ながら、屋号に「旅館」（例、福岡・今任旅館）を付した事例が記されており、「旅館」を屋号化することが始まった時期を考えるうえで、きわめて示唆的である。

③　昭和4（1929）年、「全国同盟旅館協会加盟旅館」
　　加盟旅館158軒の事例
　　「旅館」103軒、「館」19軒、「家・屋」7軒、
　　「楼」「本店・支店」「ホテル」各8軒、
　　「園・その他」5軒
（注）『時刻表』（昭和4年5月、第415号、復刻版）に掲載された広告名
　　　簿による。全国同盟旅館協会については、第4章を参照されたい。

　この事例によると、屋号に「旅館」（例、京都・柊家旅館）と標記していたものが65％の大多数を占めており、このことから推察すると、「旅館」の屋号化は、大正時代に入って急速に全国的に広がり、時流となっていたとみられる。この組織の名称である「同盟旅館協会」

という標記は、加盟会員の現実を取り入れたものであろう。

　このような事例は、全国府県の宿屋業組合によって組織された「全国旅館組合聯合会」（未加盟の県があったとされる）の名称にもみられるのである。

　この聯合会は、全国同業者の営業の発展と利益の擁護を図ることを目的に、営業収益税、家屋税負担の軽減要求などを具体的運動目標として、大正11（1922）年に創立された（昭和5年10月、京都で開催された第七回全国旅館組合聯合会大会において、京都宿屋業組合組合長・聯合会理事城山満次郎の挨拶による。京都宿屋業組合前掲書。ちなみに、第一回全国大会は大正11年2月東京で開催された。愛知県ホテル・旅館生活衛生同業組合『組合創立50年史』平成20年）。

　しかし、聯合会への府県加入組合は、法規で定められた「宿屋業組合」であったはずだから、聯合会の名称が宿屋ではなく、旅館とされた理由については疑問として残る。それはともかく、「聯合会」が組織結成された時点では、屋号に「旅館」と標記するものが多数となりつつあり、それが全国の同業者の間で共感され、支持されて広がっていったものであろう。聯合会の名称に取り入れられたのも、同業者間のそうした時代的趨勢を読み取ったからでは、と思われる。

5.「旅館」の屋号化成立仮説

政府高官レベルで認知されていた「旅館」の名称

　ところで、「旅館」の名称使用の端緒を類推すると、維新期以来社会の近代化様式を伴ういわゆる「文明開化」の進展に対応するために、門構え・玄関・床の間設置など、かつて、旅籠屋時代には許されなかった建物・設備の規模と内容の質的向上に努力した先端的営業者（仕来りにとらわれることもない、或いはしがらみのない他の分野からの新規参入者であった可能性がある）が、それにふさわしい呼称を、古代の貴族や高官の旅宿を意味した「旅館」と、大きな建物を意味した「館」の語を探り出し、新鮮な語感と、高級感のある「旅館」を屋号に取り入れることを思いついたものであろう。

　他面では、経営規模ないしは質的面における差別化意識の表現であり、同業者間競争の始まりであったとも受け取れる。これはまた、華族・士族・平民の新たな身分制度（明治2年行政官達、明治5年太政官布告）、行政組織の官職と位階、産業の資本家と労働者、農業の地主と小作等々、国民の階級構成が多層化へ進展しつつあった社会構造のもとで、そのなかのより高級な宿泊需要への対応策であったとも思われる。

　このような経緯の仮説が正しいとすれば、「旅館」の名称は、営業者みずからの意思で決められた意義深いものであり、官製の「宿屋」ないし「旅人宿」の業名を拒否し、自己主張が通用するほどに成長発

展していた証であって、それが更に飛躍して、業全体の呼称として認知され、広く通用するに至るのであった。

　例えば、昭和5（1930）年に京都で開催された第7回全国旅館組合聯合大会に出席した来賓のメンバーは、新井尭爾鉄道省国際観光局長（国際観光局は、わが国最初の観光を冠した政府の行政機関で、新井は初代の局長）、佐上信一京都府知事、土岐嘉平京都市長、高久甚之助ジャパン・ツーリスト・ビューロー専務理事などの顔ぶれから、当時の旅館業が量的・質的発展に伴って社会的位置が向上し、政治的にも相応の評価を受けつつあった事実を知るうえで、注目すべき大会であった。

　このとき、祝辞を送った鉄道大臣江木　翼は「旅行の安易快適は交通機関の整備に繋る事固より大なりと雖旅館の施設に俟つも亦洵に多し、輓近交通の発達は旅館の使命をして愈々重からしめたりと謂ふべく……」（上掲『京都宿屋業組合沿革史』）と述べているように、旅館の名称を政府高官レベルで認知されていたことを確認できる重要資料である。

　同時に、旅行客の交通輸送と、旅館の一体的発展の重要性の認識が示されており、これは同年に、わが国最初の国際観光政策が成立したことに関連するものと推察されるが、ともあれ、旅館に対する鉄道等に関連する行政側の認識次元は、このように高まっていたのである。

第 1 章 「旅籠屋」「湯治宿」から「旅館」への業名変遷過程

6. 「旅館」の業名確立と『旅館業法』の成立

営業目的と営業施設の基準を定めた『旅館業法』

　昭和 14（1939）年、日中戦争下の経済統制の一環である『価格等統制令』は、宿屋の宿泊料金をも対象としていた。その『宿泊料金統制要綱』（昭和 17 年）によると、「宿泊料ノ統制ニ関シテハ宿屋ヲ旅館（温泉旅館ヲ含ム）、下宿、ホテルニ区別シ其ノ各々ニ付之ガ統制ヲナサントスル」（国際観光旅館連盟『旅と宿―日本旅館史』昭和 52 年による）とある。

　これが国の法規に、「旅館」を業名として使用した最初であり、上述のような業界の実態にようやく追随したものであったといえよう。同時に、旅館とホテルを「旅人宿」の同一範疇から分離して分類されるようになったのも、この時からである。

　ちなみに、明治初期に勃興したホテルは、昭和 15（1940）年時点で、全国に 115 軒、客室数 5,944 室、収容人員数 9,944 人、従業員数 6,979 人という規模に発展していた（運輸省『日本ホテル略史』昭和 21 年）。

　ところで、宿泊料金の制度は、旅籠屋時代以来の歴史的慣習である一泊二食付を原則とした旅館に対し、ホテルは欧米に倣い、客室料と食事料は別建てとしていることから、宿泊料金統制に当たって、両者の分離は当然な措置であった。

　昭和戦後は、民主主義国家体制への転換に伴い、昭和 23（1948）年、

明治以来の『宿屋営業取締規則』は廃止され、替わって『旅館業法』が制定されたことにより、「旅館」という業名は、ようやく法律の上で確定するとともに、広く一般に認められ、普遍化のきっかけになっていくのである。
　『旅館業法』は、「旅館業務の適正な運営確保により、健全な発達を図るとともに、需要の高度化・多様化に対応したサービスの提供を促進し、公衆衛生と国民生活の向上に寄与することを目的」（第一条、平成8年全部改正）としている。
　旅館営業については、和式の構造及び設備を主とする施設であって、客室数5室以上、客室床面積はそれぞれ7平米以上あることのほか、その他付帯設備について基準を定めている（第二条、旅館業法施行令）。
　『旅館業法』の成立に伴い、旅館業は厚生省（厚生労働省）所管の環境（後年に法改正に伴い生活と改められた）衛生関係業種に位置づけられ、また『日本標準産業分類』業種に指定されたことによって、産業としても公認されたのである。

第2章
鉄道駅の設置と「駅前旅館」の出現

1. 交通革命の打撃

旧宿場から離れた地点に設置された鉄道駅

　明治5（1872）年、新橋〜横浜間にわが国最初の鉄道が開通してから以降、旧五街道筋をはじめ、全国各地で始まった鉄道敷設に伴って、沿線の拠点に設置された駅は、大抵の場合は、城下町の中心や旧街道の宿場から離れた位置に新設された。

　東海道の要地であった三州岡崎の例によると、東海道線岡崎停車場は、明治21（1888）年、中心地の南部3キロ強の寒村であった羽根村に設置されたのである（岡崎市『新編岡崎市史』史料近代下、昭和62年）。

　信越線軽井沢駅の場合は、旧中山道の軽井沢宿から2キロも離れた地点に設置されたが、こうした例のように、宿場から2〜3キロ離れた地点に駅が設置された事例は数多いようである。鉄道側の建設に当たっての原則は、勾配、カーブを避け、可及的に直進できる地形が優先されることから、地元の意向とは無関係に、技術的、経済的な制約の中で採りうる最良と考えられるルートで選択された結果とみられている（青木栄一『鉄道忌避伝説の謎』吉川弘文館、2007）。

　明治政府の宿駅制度の廃止と、その一方における鉄道の開通によって始まったわが国最初の交通革命は、徒歩旅行者からの収入に依存していた人馬継立荷物輸送業務をはじめ、旅籠屋および本陣・脇本陣の経済的存立基盤を根底から覆し、多くの宿場自体が衰亡してしまう

第 2 章　鉄道駅の設置と「駅前旅館」の出現

表 1　五街道の宿駅と宿泊施設、宿内人口（天保 14 年）

	宿　駅	本陣・脇本陣	旅籠屋	宿内人口
東海道（品川〜大津）	53	179	2,988	195,267 人
中山道（板橋〜守山）	67	172	1,812	77,657
日光道中（千住〜鉢石）	21	52	820	47,542
奥州道中（白沢〜白川）	10	22	267	11,860
甲州道中（内藤新宿〜上諏訪）	45	82	525	34,974
計	196	507	6,412	367,349

資料）児玉幸多校訂『近世交通史料集四 東海道宿村大概帳』『同五 中山道、六 日光・奥州・甲州道中宿村大概帳』吉川弘文館、昭和 45 年、47 年

という結果をもたらしたのである。

　明治 20（1887）年頃の軽井沢の例によると、「軒端つづきの街路さへも蓬にはびこられて、外には、櫛比した大厦高楼は空しく風雪に破れて礎を雨露に晒し……軒を連ねて或は倒産、或は離散」の悲劇が起っていたという（佐藤孝一『再版かるゐさは』丸善、大正 11 年）。

　かつて、幕府の道中奉行支配下の五街道の宿駅は合せて 196、本陣・脇本陣 507、旅籠屋 6,412、宿内人口は 37 万人であった（表 1）。どのような宿場においても、軽井沢のような、あるいはそれに近い衰退の事態は避けられなかったものとみられる。

　このように、街道と城下町の関係住民に、深刻な打撃を与えることになる交通革命は、明治維新の一つの側面として記憶される必要があろう。

2. 駅前へ進出した旅館の諸相

商業街区形成の先駆けとなった「駅前旅館」

　奥州道中の下野・大田原宿は、江戸期大田原藩の城下町で、天保14（1843）年当時、本陣2、脇本陣1、旅籠屋42、宿内人口1,428人で、磐城・白川宿に次いで大きい宿場であった。しかし、明治19（1886）年、東北線が建設され鉄道駅が設置されたのは、宿場より遠く隔たった位置の那須野であった（昭和43年に廃線になるまで東野鉄道の西那須野～大田原間は4.6キロであった。那須文化研究会編『那須の文化誌』随想舎、2006）。

　大田原の川上安右衛門は、開設された当時の那須野駅前（のちの西那須野）にいちはやく旅館を建てたとあるように（稲垣史生監修『日本の街道事典』三省堂、1983）、旧宿場の中でも、時代に対応しうる条件を備えもった人物が存在していたことを示す一例である。

　ところで、鉄道が開通し、新しく登場した鉄道旅行者の需要に期待して、全国各地の主要な拠点駅の前に、旅籠屋の時代にはなかった部屋と部屋との間が壁で仕切られ、部屋には床の間がついている（宮本前掲書）新しいスタイルの宿泊施設の進出が相次ぎ、時代のニーズに適応した「旅館」になっていった経緯があり、後年になって「駅前旅館」と呼ばれる存在になるのである。

　名古屋の例でみると、明治19（1886）年、熱田より清洲までの東海道線が開通し、名古屋市内の西のはずれの郊外で、周辺は田圃と池

第 2 章　鉄道駅の設置と「駅前旅館」の出現

の寂寥とした風景の広井村笹島に、名古屋停車場が設置された。この情勢に対応して、富沢町にあった志那忠旅館は、駅前で最初となる支店を設置した。

　以降、駅前の旅館は、以下のように増加していった（白木前掲書、大野一英『名古屋の駅の物語（下）』中日新聞本社、昭和 55 年による）。

　　　　明治 26（1893）年　　　1
　　　　　　28（1895）年頃　　2
　　　　　　43（1910）年　　　13
　　　　大正 14（1925）年　　　15
　　　　昭和 12（1937）年　　　17

　旅館の駅前への進出が一挙に増加した明治 43（1910）年は、名古屋で初めて開催された第十回関西府県連合共進会（会期 90 日、観覧人員 263 万 2 千人、会期中名古屋停車場降客 120 万人）であった。次いで、昭和 3（1928）年の御大典奉祝名古屋博覧会、昭和 12（1937）年の名古屋汎太平洋平和博覧会（会期 78 日、入場人員 465 万 2 千人）といった大規模のイベントがインパクトになったとみえ、こうして、太平洋戦争前には、鉄道と市電・市バスの市内交通の要衝として発展していた駅前に、18 軒が集積するようになっていた。

　名古屋駅は、東海道線の重要な拠点駅であると同時に、中央線、関西線のターミナルであり、伊勢参宮へのアクセスでもあった。相互の乗り換え待ち合い時間を利用した食事と休憩客にも対応するために、駅前の旅館は、二十四時間営業といっても過言でない忙しさであったという（白木信平氏談）。

江戸時代、尾張62万石の城下町として栄えた名古屋は、明治期以降は近代工業都市として発展し、東京、大阪に次ぐ人口100万人の都市（昭和9年）が形成されていったのであるが、そのような社会的・経済的側面にも留意される必要があろう。

　ところで、全国各地の「駅前旅館」のなかには、行商者や外交員を顧客にする通称「商人宿」のほか、県庁、陸軍師団・連隊、鉄道省その他の官庁等々の〈御用旅館〉または〈指定旅館〉の看板を掲げ、"御用達"をつとめている旅館が多かったという（宮本前掲書）。

　こうした現象は、旅館業の内部で営業対象の専門化と、"御用達"の看板の有無によって、上下の階層化への分化が進みつつあった側面を示唆するものであろう。

　また、全国各地の主要な拠点の駅前は、ヒトが集散する場所でもあり、旅館のみならず、小売商業、飲食業等の進出とあいまって、やがて自然発生的に駅前商業街区が形成された例が多いようである。その意味においても、「駅前旅館」が駅前市街化形成に先駆けた歴史的役割の高さが評価される。

第 2 章　鉄道駅の設置と「駅前旅館」の出現

3．旅館の「駅弁」の始まり

「駅弁」事業者の系譜

　鉄道の開通と拠点駅の開設は、当該地の旧本陣など限られた旅館にとって新しい事業を生み出すチャンスをもたらすことになる。すなわち、鉄道旅行者の便利のために、当初は「竹の皮に握り飯と漬物」の素朴な食べ物が考案されたことに始まり、のちには地域の特色のある素材をもとに、バラエティー豊かな「幕の内弁当」へと発展したなど、日本独自の食文化となる「駅弁」（駅売り弁当の略称）がそれである。

　かつて、駅前へ進出してきた旅館がその担当者になったという一つの事例は、『栃木県史』（通史編 7、近現代 2、昭和 57 年）に「宇都宮停車場前には旅館白木屋支店（本店伝馬町）が開業し、竹皮に包んで一個五銭の握飯を販売した。これが我が国最初の駅弁である」という記録である。"最初"とされる時点は、日本鉄道会社線の大宮〜宇都宮間が開通した明治 18（1885）年、さらに宇都宮〜郡山間が開通した明治 20（1887）年の頃であったとみられる（駅弁販売の最初とされる駅や時点については、諸説があることに注意されたい）。

　この白木屋（本陣）以外に判明しているのは、仙台・大泉屋（のち仙台ホテル）、白河・柳屋（本陣）、軽井沢・油屋（脇本陣）、静岡・東海軒（旧大東館、脇本陣）、豊橋・壺屋（脇本陣）、岡崎・鍵屋（脇本陣）、加賀温泉・高野商店（越前今庄駅の大黒屋が移転したもので、旧本陣）などのほか、「旅館を営んでいた（駅弁）業者は、いちいち挙げられ

ないほど多い」という（林　順信・小林しのぶ『駅弁学講座』集英社新書、2000。富田昭次『明治・大正・昭和ノスタルジック・ホテル物語』平凡社、2000）。

　こうした事例で明らかにされたように、「駅弁」市場への参入事業者の多くは、旧宿場の限られた特権層であって、衰退した宿駅事業の代替を「駅弁」に見いだし、自らの再生に向けての資力と才覚を有していたことを示すものであろう。

　ちなみに、明治38・39（1905・06）年に茶・弁当・すし等を販売していた駅は次のようであった（『日本国有鉄道百年史』第3巻、東北線や山陽線等についての記載はみられない）。

　　東海道線　　大船、国府津、山北、沼津、静岡、堀ノ内（現在の菊川）、
　　　　　　　　浜松、豊橋、岡崎、大府、名古屋、大垣、米原、草津、
　　　　　　　　馬場（現在の膳所）、京都、大阪、神戸
　　北陸線　　　敦賀、今庄、福井、金沢、高岡
　　信越線　　　横川、軽井沢、上田
　　奥羽線　　　米沢、山形、新庄、横手、秋田、能代、大館、弘前

4．「駅弁」から多角事業化の事例

名古屋・志那忠旅館の「駅弁」と多角事業

　名古屋駅前の志那忠旅館は、関西鉄道の大阪湊町～名古屋間が全

第 2 章　鉄道駅の設置と「駅前旅館」の出現

通した明治 33（1900）年頃から、大阪湊町に支店を設け、駅売り弁当を一手に引受けていた（前掲『シナ忠百年の歩み』）。明治 36（1903）年頃には「関西鉄道附行商」という肩書きで、車内販売にも従事しており、販売品目は以下のようであった（原文のまま）。

弁当類（弁当一人前 20 銭、同すし 10 銭、同サンドウイッチ 25 銭、食パン一斤 10 銭、同バター付一人前 5 銭、ビスケット一人前 25 銭、菓子パン一個 1 銭、くだもの）
飲物類（ビール　アサヒ大瓶 25 銭、キリン小瓶 15 銭、エビス同、カブト同、ユウザン葡萄大 43 銭、同小 27 銭、葡萄ジンフアンデル大瓶 55 銭、平野水 15 銭、ジンジャエール 20 銭、同大瓶 34 銭、正宗中壜 18 銭、同小瓶 10 銭）
その他　煙草 4 種類、マッチ、扇子、ハンカチーフ、宝丹（仁丹のようなもの）
（かわぐち　つとむ『食堂車の明治・大正・昭和』グランプリ出版、2002 による）。

　ところで、この当時の「駅弁」の値段について、『明治の名古屋―世相編年事典』（服部鉦太郎、昭和 43 年）の明治 38（1905）年 2 月の項に「官設鉄道停車場売り弁当 12 銭を 15 銭に値上げしたが、名古屋・神戸・大高・大府・静岡の五駅では値上げせず、12 銭で販売」とあり、東海道線駅の「並等弁当」は 12 銭ないし 15 銭であったことが分かる。
　これに比べて、志那忠旅館の割高さが印象的であるが、「並等」よ

りも高級な「上等弁当」を売り物にしていたことを示している。

　しかしながら、志那忠旅館の駅弁は、関西鉄道が国鉄に買収された以降、事業の継承は行われなかった。

　だが、当初は宿泊客送迎用であった人力車を、独立採算のとれる経営へと拡大し、名古屋で車は69台しかなかったといわれた頃の大正6（1917）年からはタクシーへ転換したなど、本業の旅館に関連する多角経営への積極的進出姿勢は変わらなかった。事業はこれに止まらず、大日本航空輸送会社の定期便が名古屋に寄港することになり(昭和8年、名古屋港10号地に名古屋仮飛行場完成、翌年10月から使用開始された)、志那忠旅館はいち早く切符販売権を獲得、乗客は同旅館で待ち合い、旅館から空港まで送迎バスを発着させるサービスを行っていたのである（白木前掲書）。

　更には、ビジネスマン指向のホテルを構想、資本金75万円の「株式会社シナ忠ホテル」を設立したものの、日中戦争が勃発、戦時体制が強化された影響をうけ、建築は許可されなくなり、実現は叶わなかったが、駅弁をステップに、次々と時代を先取りした多角経営の足跡は、旅館業発展史上の注目すべき記録であった。

第3章
鉄道省の観光旅行客増強対策事業

1. 増収対策の始まり

観光旅行促進を演出した鉄道省

　明治 39（1906）年、『鉄道国有法』が公布施行されて以降、鉄道省は、全国各地に鉄道路線網の整備と輸送力の増強を鋭意図った結果、営業キロの伸張とあいまって、各地間の輸送の利便性は促進され、移動の円滑化の向上と比例して、旅客輸送量もまた飛躍的に増大していった状況は、表 2 にみられるとおりである。全国各地で興隆した旅館は、こうした鉄道網の拡大とともに、誘発されていったものと思われる。例えば、僻地の地理的条件の故に、季節的湯治場の域をでなかった場所においても、温泉観光地へ発展した例は、枚挙にいとまなしであろう。

　旅行客に依拠する旅館の経営は、昭和戦後の交通機関が多種・多様化してくるまで、もっぱらこうした鉄道交通、なかでも国有鉄道の発達とその動向によって、消長が左右されることにもなるのである。

　鉄道省は、自らの増収対策として旅客の増大を政策目標に掲げ、日本の風景・風俗を紹介した国外宣伝用の観光映画や、国内向けには国鉄の宣伝映画等を通じて、本格的に観光旅行客の誘致宣伝活動を開始したのは、大正 14（1925）年度からであった（『日本国有鉄道百年史』第 8 巻）。

　昭和初期においても、「列車の座席利用率はまだ 70 パーセント程度」しかなく（『日本交通公社七十年史』）、また深刻化する昭和恐慌の

第3章　鉄道省の観光旅行客増強対策事業

表2　鉄道発達指標

	営業キロ（km）		旅客輸送量（億人キロ）	
	計	国鉄	計	国鉄
明治23（1890）	2,251	886	7.3	4.6
28（1895）	3,686	955	17.3	8.4
33（1900）	5,999	1,325	30.5	11.4
38（1905）	7,793	2,562	40.3	15.2
43（1910）	8,661	7,838	52.0	48.9
大正4（1915）	14,094	9,268	67.9	62.1
9（1920）	15,771	10,436	147.3	134.9
14（1925）	20,038	12,593	208.7	187.4
昭和5（1930）	24,035	14,575	235.0	198.8
10（1935）	26,539	17,138	287.7	241.7
15（1940）	27,289	18,400	599.0	493.4

資料）安藤良雄編『近代日本経済史要覧第2版』東京大学出版会、2003

もとで、「財政上の苦難を切り抜けるためには、従来の宣伝策のみでは到底増収を期待しえない状態」であった（上掲『百年史』）。

そこで、昭和5（1930）年から翌年にかけて、観光旅行客に対する団体割引制度、遊覧券割引制度、遊覧地回遊特別列車の運転などの対策を講じ、団体割引などの制度の実施についてはジャパン・ツーリスト・ビューロー（明治45年創立。日本語の表記では日本旅行協会、現在の日本交通公社JTB。以下ビューロー）に担当させることにした。

こうした鉄道省の活動を側面から支援するかのように、一足早い大正9（1920）年、旅行についての知識の交換や旅行趣味の普及等

を目的とする「日本旅行倶楽部」が発足した。次いで、大正 13（1924）年には、健全なる旅行趣味を鼓吹し、旅行文化の向上を図ることを目的とする「日本旅行文化協会」（昭和 9 年ビューローと合併）が鉄道省の外郭団体として設立され、月刊誌『旅』および各種案内記の出版、巡回講演・映画会の開催、旅行地・名勝地・旅館等の調査を行っていた（上掲『七十年史』）。

　一方、鉄道省は、旅客誘致の新たな対象として、全国各地の温泉にその可能性を探っていたようであった。例えば、昭和 4（1929）年、内務省、ビューロー、温泉医学者のほか、温泉組合と温泉旅館の各代表などとともに、「日本温泉協会」を創立したことで明らかであろう。

　協会は、温泉に関する研究およびその知識の普及ならびに温泉地の保護改善、発展等に貢献しようとするもので、月刊誌『温泉』を発行するほか、温泉地における旅館を改善するための調査、実地指導などを行うことをその事業としていた。

　鉄道省は、協会の活動を全国組織で支援するために、関東をはじめ中部、東北および北海道、西部、関西と各地方鉄道局ごとに支部を設置、昭和 6（1931）年に社団法人に改め、事務次官以下省内から多数の役員を選出して支援体制を固めつつあった。このような鉄道省の意気込みにみられるように、全国各地の温泉への旅客誘致に期待し、来るべき団体観光旅行の実現に向かって、着々と布石を打っていたのであった（『日本国有鉄道百年史』第 5 巻、昭和 47 年）。

　かくて、当該地域の旅館業にとっては、旅行客の増加が一層期待できる環境が整備され、受け入れ態勢の強化を進めるインパクトになっていったとみられる。

第 3 章　鉄道省の観光旅行客増強対策事業

2. ビューローの「クーポン式遊覧券」と「指定旅館」の始まり

ビューローと旅館の関係

　大正 14（1925）年 10 月、ビューローの創意により、乗車券・乗船券・旅館券を一冊にセットした「クーポン式遊覧券」が発売された。団体割引制度とあわせて、鉄道省の増収対策としての観光旅行客増強事業の具体化がはじまった（上掲『七十年史』）。

　この遊覧券の特徴は、発駅から着駅まで切符を買う面倒がないこと、鉄道省営区間の運賃が一割引、その他の乗り物が一割ないし二割引になっていることであった。

　当初は、「房総一周」「富士五湖巡り」をはじめ、「東北方面遊覧券」「九州方面遊覧券」等であったが、昭和 9（1934）年になると、北は樺太、南は台湾を含む全国 230 ヵ所の遊覧券が発売されるように発展していた（同上）。

　ビューローは、「クーポン式遊覧券」の対象区域にある全国主要都市・主要観光地に「クーポン指定旅館」を設け、昭和 7（1932）年からこの指定旅館へ、固定料金で無予約の「単独旅館券」の発売も行うようになった（日本旅行倶楽部発行の『旅』昭和 14 年 12 月号に掲載された「クーポン旅館案内」では、「日本旅行倶楽部協定旅館」と明記されている一方で、旅館名簿では「指定旅館」と表記されている。「協」と「指」の違いの理由と、対象旅館との「協定」なり「指定」は、どのような手順や基準でなされたかは明らかでない）。

45

指定旅館は、昭和14（1939）年当時、全国に「1千数百」にもなっており、東京市内の14カ所をはじめ、全国各都市の61カ所に設置されたビューロー日本旅行協会案内所で、「クーポン旅館券」を発売していた（日本旅行協会はビューローの別称である。案内資料によると、旅館券の発売には「手数料は一切戴きません」と記されており、旅行の斡旋や鉄道乗車券、船車券なども同様であった〈上掲資料〉。この当時のビューローの運営は、会員からの会費と鉄道省乗車券代売手数料収入によっていた）。

　ちなみに、この「クーポン旅館券」の金額は、旅館側の「宿泊料金」である。昭和14（1939）年当時の案内広告に表示された220旅館の例によると、「2円」の最低から「9円」の最高までの幅があり、この内訳をみたのが表3である。

　この宿泊料金の分布からいえるとすれば、既述のように、官庁等の〈御用達旅館〉をはじめとした質的階層化構造が形成されており、それが細分化された料金高低に反映されていると考えられること、当時の宿泊料金の全国平均はおよそ3円から4円であったとみられること、の2点を確認できることであろう。

表3　クーポン指定旅館の宿泊料金（昭和14年）　　　　　　　　　　（軒）

	2～2.5円	3～3.5円	4～4.5円	5～5.5円	6～6.5円	7～9円
220 (％)	10 (4.5)	81 (36.8)	65 (29.5)	36 (16.4)	14 (6.4)	14 (6.4)

資料）日本旅行倶楽部『旅』昭和14年12月号、ホテルと外地の旅館を除いて集計
備考）最低の2～2.5円クラスは、離島、僻地、登山口などにある旅館の例

第3章　鉄道省の観光旅行客増強対策事業

　利用客に頒布された「クーポンの栞」に記されている〈旅館券の特典〉には、「茶代不要と料金均一（旅館券御利用の場合旅館使用人への心付は別ですが、茶代は絶対に要りません。尚宿泊、食事に付ての予約もできます。温泉旅館で温泉税、湯銭は要りません）」とあり、当時は旅館の利用に際しては、宿泊料のほか茶代と心付（チップ）を必要としていたのである（この茶代については、第4章‐1を参照されたい）。

3. 鉄道省主催の団体観光旅行

団体観光旅行ブームの到来

　鉄道省が、昭和6～7（1931～32）年頃から更なる増収対策として力を入れるようになる団体観光旅行は、昭和9（1934）年頃には日本旅行倶楽部による月掛旅行会（毎月一定の会費を積立て、この積立金で旅行に参加する組織）の組織的活動が加わって、鉄道駅の職員が過重な負担となるほど全国的に普及するようになっていた。鉄道省主催の団体観光旅行については、昭和10（1935）年からビューローが一手に引受けるようになるのは、こうした理由からであった（上掲『七十年史』）。

　ところで、昭和戦前期に、国民大衆の間にあった潜在的な観光旅行への憧れの大きさを知るうえで格好の記録は、景勝地を新しく選定するために行われた「日本新八景」コンテストであろう。昭和2（1927）年、東京日日新聞社と大阪毎日新聞社の共催、鉄道省後援で一般公募

によるハガキ投票で行われたが、このとき、投票ハガキの総数が約9,350万枚に達した事実は、身贔屓の組織的重複投票を考慮する必要があるにしても、「行ってみたい」という熱狂的願望の大きさの側面を示したものとみることもできよう（当時のハガキは一枚一銭五厘であった）。

この結果、選ばれた『新八景』は室戸岬（海岸）、十和田湖（湖沼）、雲仙岳（山岳）、木曽川（河川）、上高地渓谷（渓谷）、華厳瀧（瀑布）、別府温泉（温泉）、狩勝峠（平原）であった（『帝国ホテル百年史』、1990による）。

表4 国鉄の団体観光旅行客輸送人員

年度	人員（千人）
大正 14（1925）	9,663
15（1926）	10,063
昭和 2（1927）	10,250
3（1928）	12,605
4（1929）	9,540
5（1930）	9,529
6（1931）	9,745
7（1932）	10,991
8（1933）	13,090
9（1934）	14,240
10（1935）	16,435
11（1936）	17,470

資料）『日本国有鉄道百年史』第8巻
注）原表の表題には「観光」の文字は使用されていない

第3章　鉄道省の観光旅行客増強対策事業

　さて、鉄道省主催の年別団体観光旅行客数の推移は、表4にみられるとおりであるが、昭和11（1936）年には1,747万人に達している。この団体観光旅行客のなかには、宗教行事への参加団体や季節労働者の集団移動の団体が含まれていることに注意する必要があるにしても、この年、全国人口総数は7,011万4千人、したがって、人口の25％に相当する人々が団体観光旅行に参加したことになり、大変な旅行ブームを起こさせていたのである。

　要するに、国民大衆の観光旅行への欲求は、鉄道省の直接的・間接的誘引対策、例えば、旅行費用は月掛け積立てという簡便さ（昭和7〈1932〉年に開始された例によると、月1円から3円まで積立て、3カ月目に旅行ができた。『昭和家庭史年表』河出書房新社、1990）によって、顕在化していったことの表れであり、欲求のエネルギーの強大さが年々加速していく様子を表から読み取ることができるようである。

　昭和7〜11（1932・5〜36・2）年の時代は、金輸出再禁止とインフレ政策による為替安によって、綿製品をはじめ雑貨などの輸出が急増し、積極財政なかでも突出した軍事費支出を続けた結果、軍需関係産業を中心に経済界には資金が回り始め、景気が回復してきた時期であった（安藤良雄編『近代日本経済史要覧』第2版、東京大学出版会、2003。遠山茂樹・今井清一・藤原彰『昭和史（新版）』岩波新書、2005）。

　景気の回復は、以下のように、都市勤労者世帯一カ月平均実収入のうえにも表れるようになる（国勢社『数字でみる日本の100年』改訂第3版）。

昭和 元（1926）年　　　113.62 円
　　　　　6（1931）年　　　 86.47 円
　　　　 10（1935）年　　　 90.59 円
　　　　 14（1939）年　　　115.42 円

　大正末期から続いた金融恐慌、農業恐慌、失業問題等の深刻な社会不安から漸く脱し、農漁村部では経済更生、負債整理などなお問題が残っていた（上掲『昭和史（新版）』）とはいえ、全体的には国民の生活に安堵感がもたらされたことは確かであろう。団体観光旅行ブームは、このような経済的・社会的条件を背景としていたのである。
　この年代を昭和戦前史のうえでみれば、昭和 12（1937）年、日中戦争勃発によって戦時体制国家へ移行し、更に太平洋戦争へと拡大する前の"ほんの束の間"ながらも、最も安定的に推移した経済社会であった。
　翻って、団体観光旅行の目的地となった全国各地の旅館では、団体客に対応した施設の整備が促進されたであろうし、また旅館業全体としても、需要のボリューム拡大効果の波及によって、史上最も恵まれた経営環境であったと推察される。

第4章
経営改善と近代化意識の高まり

1. 「茶代廃止運動」と「全国同盟旅館協会」の結成

「茶代廃止」の意味

　旅館の宿泊料は、いつ頃からかは分からないが、部屋の大小規模や良し悪しの差異があっても一定にしてあり、利用客は自らの判断で評価し、出立時に宿泊料とは別に「茶代」として差し出すという合理性を欠いた慣習が、全国的に行われていた。

　利用客にしてみれば、従業員に支払う心付（チップ）も一定していないから、宿泊料の支払いは戸惑いと厄介さを伴うものであった（白木前掲書）。

　帝国ホテル社長犬丸徹三は、宿泊利用客としての経験から、「茶代はいったい幾許を呈するべきか、これがすこぶる難事である。旅館の宿泊客は、茶代のため常に配慮をかさねざるを得ない状態であった」と述べており、旅行の興趣を壊すことにもなりかねない茶代制度を、このように批判していた（犬丸徹三『ホテルと共に七十年』展望社、昭和39年）。

　一方、旅館側においても、宿泊料の収受が一定しない悩みがあり、したがって、この「茶代」の慣習は、双方にとっても極めて不合理であるという思いでは一致していたのである。

　そこで、旅館経営の改善には、先ず「茶代」制を廃止し、正規の宿泊料を定め、収入の安定を図るとともに、従業員に対するチップも宿泊料の何割か標準を定め、利用客と旅館の双方にとっても合理性の

第 4 章　経営改善と近代化意識の高まり

ある宿泊料制度を作ろうという提案が、名古屋の駅前志那忠旅館の経営者で、名古屋宿屋業組合の組合長でもあった白木周次郎によってなされたのである（旅館経営者としての白木の業績は、第 2 章-4 を参照されたい。白木は、宿屋業組合長のほか、明治 43 年から昭和 4 年まで名古屋市会議員・副議長、名古屋商工会議所議員の公職を兼ね、また後年には、名古屋観光ホテル取締役など政財界活動を行っていた。白木前掲書）。

　白木の提案は、旅館の経営改善・合理化への意識改革を促す業界最初の画期的大改革であったので、保守色の強い経営者の間で反対・批判がなされたという。

　しかし、白木の提案に賛同した北海道から九州に至る東西の同志によって、「全国同盟旅館協会」が結成されることになり、協会員は茶代を辞退すると宣言したのは大正 10（1921）年であった（同上）。

　協会は、〈各地に於いて最も信用ある高級旅館〉（協会の広告文による）という限られた範囲の、任意の組織であったとはいえ、旅館の主体的・能動的全国運動の先駆けとなるものであり、旅館業発展史上最初の快挙であった（第 1 章-4 でみられたように、全国旅館組合聯合会の創立は、大正 11 年であった）。

　ところで、協会結成に関わる関係資料は、戦災焼失などから分からなくなっており、当初の会員数も明らかでない。もっとも、昭和 4（1929）年の協会の広告によると、北海道の根室から鹿児島市まで全国各県（茨城、千葉、徳島、沖縄の 4 県についての記載がない）に亘って 158 軒の会員名簿が掲載されており、地域別にみた会員数は、北海道 3、東北 18、関東 9、甲信越 13、東京 6、中部 31、近畿 18、北陸 4、中国 4、四国 10、九州 35 であった（前掲『時刻表』復刻版）。

白木周次郎の功績

　さて、前述したビューローの「指定旅館」の制度は、当該旅館の指定方法などについては『公社七十年史』に記述がなく、明らかでない。しかし、ビューロー側が「全国同盟旅館協会」の存在を知っていたことを前提に考えると、「指定旅館」の選定を容易にさせた可能性は、極めて高いことになる。もしそうだとすれば、白木の茶代廃止運動は、ビューローによって創始された近代旅行業務に対し、旅館が提携関係を構築するという想定外の活動へ拡がったことになる。

　旅館業界で、この「指定旅館」に対してどのような評価がなされていたかは定かでないが、少なくともビューローから「指定旅館」への送客の現実をみれば、周辺の同業者に「指定旅館」への参加意欲を高めさせ、そのためにも必要な茶代廃止に賛同し、経営改善意識を促進させる効果を伴ったと思われる。

　このように考えると、白木の茶代廃止運動は、旅館業の経営改善・合理化と経営近代化の方向への重要な一石を投じたことになり、同時に、ビューローの旅行業と旅館業が提携することによって、わが国に「旅行業界」が形成されるきっかけにもなった可能性があり、その意味で提案者白木周次郎の功績は、高く評価されるのである。

第 4 章　経営改善と近代化意識の高まり

2. 旅館経営後継者の実務教育に貢献した　箱根・富士屋ホテル

Fujiya Hotel Training School 開設者山口正造

　箱根・富士屋ホテルの社史『富士屋ホテル八十年史』には、経営者 2 代目の山口正造が、旅館経営後継者の教育を通じて、旅館業の発展に貢献することになる Fujiya Hotel Training School を開設したいきさつについて、注目すべき記述がなされている。

「此の沿革は昭和 4、5 年頃より観光事業の世に喧伝せらるるに従ひ、ホテル業者は勿論であるけれども、従来甚だ無関心であった日本旅館経営者の内にも、旅館の科学的経営の必要を痛感し、高等教育を修めた子弟に、這業の改善を企画せしめようとする者が続出した。
　併しホテル経営学を専門に教授する学園は無く、空しく日を送ったが、漸く茲に白羽の矢が立ったのは、ホテル経営の泰斗富士屋ホテルの経営者であった。遠くは九州、北海道、大連の有力なる旅館主に至るまで競うて其の子弟を富士屋ホテルに送り、山口正造氏の薫陶を受けしめんとするにいたった。
　斯くして山口氏は各方面の懇望黙し難く、ホテル事業の見習生が漸次増加した為、次に述べる所の課程を順次に習得せしめ、経営者たり従業員たるの資格を具備せしむる方針を立てた。之れが即ち Fujiya Hotel Training School である」

　昭和 5（1930）年、政府は前年の帝国議会において、貴族院・衆

議院の両院から提出された外国人観光旅行客誘致の建議案が、両院ともに多数で可決されたことを受け、鉄道省に「国際観光局」を設置した。外国人観光旅行客の誘致事業は、わが国にとって経済的・文化的意義がきわめて高いのみならず、とりわけ明治期以来の国際貸借改善問題に大きく寄与することに期待されたからであった。
「国際観光局」の事業は、外客誘致のための海外宣伝活動のほか、国内の観光諸施設の充実改善とともに、旅館事業の助長とその施設の改善等に重点が置かれることになる。この旅館事業とは、主としてホテルの新設促進に置かれていたのであるが、これには相当の時間がかかることから、事業の急速実施のために「日本旅館の改造」もその視野に入れられていたのである（木村吾郎『日本のホテル産業100年史』明石書店、2006）。

　上述の『社史』引用冒頭部分は、まさに、このような政治的・社会的諸情勢と、鉄道省の団体観光旅行客増強事業ならびに国際観光局の国内向け事業に対応するためには、後継者に科学的経営の教育を必要と考える旅館経営者が増加するに至った、という経緯の説明なのである。

　山口正造は、明治32（1899）年から8年間、アメリカ、イギリスで生活した経験をもつ外国通の経営者であるばかりでなく、大正11～12（1922～23）年には帝国ホテルの常務取締役支配人を兼ねていたなど、ホテル経営の第一人者と目されていた人物であった。富士屋ホテルの名声とあいまって、彼に教えを乞いたいと願う理由は、きわめて尤もなことであったのである（山口正造については、山口由美『箱根富士屋ホテル物語』トラベルジャーナル、1994、常盤新平『森と湖の館―日光金谷ホテル百二十年』潮出版社、1998、に詳しく紹介されている）。

第 4 章　経営改善と近代化意識の高まり

　教習に当たっては、校長山口、講師は各部の主任が担当。修業科目はホール、食堂、料理場、倉庫、庶務、帳場、案内所、客室、洗濯、酒場、売店、庭園、ポーターの 13 科目とし、内 6 科目以上を修めた者で、修業年限 3 カ年に満つる者に卒業証書が、6 科目を修めず且つ 3 カ年に満たない者には修業証書がそれぞれ授与するとされた。

　昭和 8（1933）年に第一回の卒業 4 名、修業 4 名の証書が授与されたことにはじまり、第四回まで合わせて 21 名の卒業・修業者名が社史に記載されている。

　この卒業・修業者と実習生によって「友交会」が組織され、昭和 12 年頃の会員名簿によると 29 名の記載があり、国外からは旧満州の吉林、奉天、大連、国内では仙台、鬼怒川、草津、湯田中、東京、修善寺、熱海、沼津、豊橋、名古屋、京都、大阪、広島、福岡等の旅館・ホテルの子弟であった。

第5章
昭和戦前期の旅館の統計記録と経営環境

1. 全国および三大都市（東京市、大阪市、名古屋市）の旅館軒数記録

昭和戦前期の状況

　昭和戦前期における全国旅館の統計記録は、内閣統計局編纂による『大日本帝国統計年鑑』（第 57 回昭和 13 年版）に記載された昭和 7 (1932) 年が最初で、翌年版（第 58 回昭和 14 年版）にある昭和 13 (1938) 年の記録を最後に、以降年は省略されたものとみられる（『年鑑』は第 59 回昭和 15 年版を最後に、太平洋戦争のために刊行を停止された）。

　表 5 にみられるように、昭和 7 (1932) 年の全国旅館（統計表記は旅人宿）は 5 万 186 軒であったが、昭和戦前期で最も安定的発展期であった昭和 10 (1935) 年前後は 4 万 8 千軒であった。

　明治期以降、全国各地の旅館は、資本主義経済社会の激動の試練と鉄道交通革命の対応に迫られていたであろう。旅館を利用する旅行者は、商用・公用の日常業務型の一人旅のみならず、神社仏閣参詣、温泉・観光地巡遊等の団体旅行、学校の修学旅行（明治 33 年、文部省は、修学旅行での利用を前提に「官設鉄道ノ学校生徒乗車賃金割引方」を通知、これによって修学旅行は、中等学校を中心に広く普及するようになった。佐藤秀夫「修学旅行」、毎日新聞、昭和 58 年 11 月 17 日付）などの非日常型を合わせ、多種多様な目的の旅行者の出現にもそれぞれ対応する必要があったであろう。

　こうした利用者との相互関係のもとで、近代旅行文化の演出者としての側面を伴って発展していった旅館の一つの到達点が、この 4

第 5 章　昭和戦前期の旅館の統計記録と経営環境

万 8 千軒であったのである。

東京市の特異な構造

　さて、東京市の統計で留意すべきことは、関東大震災に際して、都心部の旅館は壊滅的被害を受けた後の記録であることと、他市にはない下宿兼業旅館が計上されていることで、しかも、専業旅館（旅人宿）よりも下宿兼業旅館のほうが多いという状況である。最大の理由は、明治期以来、大学・高専（高等学校、専門学校）など高等教育機関の東京集中化に伴い、下宿を必要とする大量の地方出身学生の需要があったからである。

　昭和 10（1935）年 3 月末現在の東京の実態をみると、大学・高専

表 5　昭和戦前の全国、三大都市の旅館（旅人宿）軒数

	全国	東 京 市			大阪市	名古屋市
		計	旅人宿	兼下宿		
昭和 7（1932）	50,186	1,330	652	678	1,063	614
8（1933）	49,552	1,364	668	696	1,100	573
9（1934）	48,851	1,398	670	728	1,057	591
10（1935）	48,676	1,398	592	806	1,035	576
11（1936）	47,736				1,095	647
12（1937）	48,073				1,127	544
13（1938）	46,729	（旧市部 1,604、新市部 2,015）			1,118	513

資料）内閣統計局『大日本帝国統計年鑑』第 57 回昭和 13 年版、第 58 回昭和 14 年版、東京市『東京市統計表』、大阪市『大阪市統計書』、名古屋市『名古屋市統計書』

100校に8万9945人が在学しており、対全国比で校数の52%、在学生数では実に65％に相当したのである（内閣統計局『大日本帝国統計年鑑』第56回昭和12年版、『第33回東京市統計表』昭和12年）。

　下宿兼業旅館が多いという状況は、このような東京の立地特性を端的に示すものであった。ちなみに、専業の下宿も1,367軒（昭和9年末）と多数であった。

2．三大都市の宿泊人員数記録

ビジネスと都市観光の集客力

　ところで、東京、大阪、名古屋の各市の『統計書（表）』には、旅人宿軒数とともに年間宿泊人員数についても記録されており、当時の営業活動の一端を瞥見できうる唯一の資料でもある（『大日本帝国統計年鑑』には、宿泊人員数の記録はみられない）。

　昭和7（1932）年から12（1937）年までの年間宿泊人員数は、表6のとおりである。

　東京市の場合は、統計分類が大阪、名古屋と異なるため、年間宿泊人員数は両市と比べて少なく表れている。

　年間合計とその推移からみると、東京市68万人から86万人へ1.26倍、大阪市143万人から178万人へ1.24倍、名古屋市35万人から70万人へ2倍に、また一軒当たり一日平均では、東京市2.8人から4.0人、大阪市3.7人から4.3人、名古屋市1.5人から3.5人と

第 5 章　昭和戦前期の旅館の統計記録と経営環境

なっており、三大都市ともに、恐慌後の景気回復を反映して、宿泊客は年々増加傾向を強めつつあったことが分かる。

なかでも、名古屋市の増加は、昭和 12（1937）年に 78 日間開催された名古屋汎太平洋平和博覧会効果の表れとみてよいであろう。確かに、客室数 70 の名古屋観光ホテルは、会期中、連日満員の宿泊客でごった返す状況であったが、これは市内の一般旅館も同様で、〈女中衆〉の手が足りず、困り果てた旅館組合では、100 人もの女中求人を市職業紹介所に申し出たほどであったと伝えられている（『名古屋観光ホテル五十年史』、昭和 61 年）。

当時の三大都市の経済的位置関係からいえば、政治・経済・学術

表 6　三大都市の旅館（旅人宿）の年間宿泊人員数

	東京市		大阪市		名古屋市	
	年間計（人）	一軒当たり一日平均	年間計（人）	一軒当たり一日平均	年間計（人）	一軒当たり一日平均
昭和 7（1932）	687,023	2.8	1,437,976	3.7	351,520	1.5
8（1933）	752,384	3.0	1,432,624	3.6	359,608	1.7
9（1934）	805,583	3.2	1,506,574	3.9	520,946	2.4
10（1935）	864,427	4.0	1,538,991	4.0	489,183	2.3
11（1936）			1,726,238	4.3	572,298	2.4
12（1937）			1,777,973	4.3	696,988	3.5

資料）東京市『東京市統計表昭和 10 年』昭和 12 年刊、『東京市統計表一般統計編』昭和 13 年刊、大阪市『大阪市統計書』各年、名古屋市『第 37 回・第 40 回名古屋市統計書』昭和 12 年、15 年刊
注）東京市の宿泊人員数が他市に比べ低いのは、統計分類の相異によるとみられる。

の一極集中化＝中央集権を強めつつあった東京、商品流通と工業生産で中枢的存在であった大阪、新興工業が興隆して100万人都市化が進展しつつあった名古屋、というように、三大都市には、全国各地から、日常業務型旅行者の来訪が増加するそれぞれの必然性を醸成していたのである。

　他方、三大都市には、江戸時代からの歴史的伝統をもつ大衆芸能と、デパートや各種高級専門店などの小売商業と、和洋飲食店の大規模な集積が共通しており、昭和戦前期にはそれぞれで近代的に洗練され、大都市のもつ魅力の形成要因でもあった。

　東京では、演芸と映画館等の娯楽で全国最大の集積地であった浅草に加えて、有楽町界隈と銀座、新宿、上野。

　大阪では、上方芸能の中心地道頓堀・千日前と戎橋・心斎橋筋、通天閣。

　名古屋では、大須観音門前と広小路・栄。

　というように、アミューズメントとショッピングの一体的融合化が進みつつあり、地方の人々にとって「東京見物」「大阪見物」「名古屋見物」へ誘う吸引性を十分にもっていたといえよう。

　この頃、大阪では、大阪城天守閣が再建され（昭和6年）、更に、全国で最初のプラネタリウムが市立電気科学館に導入（昭和12年、東京は翌13年に東京日日新聞社屋上に開設）されたことによって、修学旅行の対象地としての魅力が増大することになる。

　このように、三大都市では、都市観光の魅力的要素が拡充されることによって、非日常型旅行者の来訪もまた増大する方向にあったといえよう。

3. 季節と旅行の行動様式

旅行行動を規定した国土の自然条件

　表6でみられた平均的宿泊人員数は、比較的経営規模の小さい旅館の割合が高い結果とみられるが、それよりも、統計には表れない繁忙期と閑散期で、多少差が大きい季節変動が存在していたことに注意しなければならない。

　修学旅行のメッカといわれた京都、奈良、伊勢山田・二見の各市内および東京、大阪には、修学旅行団体を受け入れる大型旅館が多数存在し、春と秋のシーズンには盛況になるものの、盛夏期と冬期が閑散となるのは、例年であったといわれている。もっとも、夏季でも特定の温泉地では例外があったようで、田山花袋は、明治末から大正初期頃と思われる上州・伊香保と四万を例に挙げ、「避暑地温泉」としてすぐれているので、夏は浴客が常に充満して、謝絶されるようなことはよくある、というように、かなり早い時代から避暑目的の浴客が集中していた実状を伝えている（田山花袋前掲書）。

　京都では、昭和初期においても、「東西六条辺ノ旅人宿ハ、一ケ年間両本願寺ノ会式又ハ彼岸等ノ仏事アル季節ハ一時頗多ノ宿泊人アリト雖モ、平時ニ在ッテハ殆ンド無商業ノ如キモノアリ」（前掲『京都宿屋業組合沿革史』）という状況で、昭和戦後においても、5、9、10の3カ月に年間宿泊者の57.5％が集中していたという調査記録（昭和27〈1952〉年、玉村和彦『レジャー産業成長の構造』文眞堂、1984）で明ら

かなように、〈仏教都市〉京都ならではの立地特性からくる問題もあった。

　古くは、江戸中期享保時代の東海道においても、「宿の旅籠やと言物……草木と共に春夏は往還繁ければ栄へ、秋冬に至り往還少き時は草枯と成て、世上共に衰る事常也」（田中丘隅「民間省要」前掲書）であった。また、全国各地から、集団となって伊勢参宮を目指した「おかげまいり」の例によってみても、年間総数の 7 〜 8 割が正月から 3 〜 4 月頃までに集中していたという（宮本常一『伊勢参宮』社会思想社、昭和 46 年　藤谷俊雄『「おかげまいり」と「ええじゃないか」』岩波新書、1968）。

　こうした季節と旅行行動のパターンは、昭和の時代にまで伝統的に残存し続けていくのであるが、その理由は諸説のとおり、有史以来農業が最大の産業であり、農民が人口の大半を占めていたことに関係していよう。

　わが国は、明治期以来近代工業が著しく発展しつつあったが、昭和 15（1940）年時点においても、なお産業別就業者の 42％、1,355 万人は農業就業者（次位の製造業就業者は 21％、686 万人。前掲国勢社『数字でみる日本の 100 年』）であった。季節の移ろいに従って、コメ作りを主軸に「農繁期」と「農閑期」が循環する農業生産国の域を脱していなかったのである。農民の日常生活においても、農事暦に依拠して行動しており、そのような伝統的行動様式は、一般の国民にも少なからず影響を及ぼしていたという社会の歴史があり、旅館経営においても、この例外ではありえなかったと推察される。

第5章　昭和戦前期の旅館の統計記録と経営環境

4. 昭和10年前後の時代の経営環境

旅行往来の活発化と旅館の経営環境を一変させた戦争

　昭和初期の経済情勢は、関東大震災、金融恐慌など深刻なダメージの影響下にあったが、それでも成長発展へのエネルギーは、確実に蓄えられていたのである。高橋是清蔵相の積極財政の結果、景気回復とともに、国民総支出にみられる経済規模は、着実に拡大していった（表7‐①）。

　このような経済環境の下で、財閥系の重化学工業をはじめ、多数の新興企業が勃興していたのである。これを会社数（株式、合資、合名会社の総数）の推移でみると、昭和2（1927）年以降12（1937）年まで、恐慌期が含まれるこの10年間で2.2倍にも増加しており、会社組織で事業の拡大強化を図る動きが活発になっていた様子を示す資料である（表7‐②）。

　経営活動の一環には、各地間への往来を伴う社員の業務出張旅行が組み込まれていたであろうし、好景気が事業活動の拡大に作用して、頻繁になるのも必然であったであろう。一方、中央・地方の行政機構も拡大し、公務に関係する官公庁職員の業務出張旅行もまた同様の状況にあったと思われる。

　こうしたビジネスマンの業務旅行が日常化し、一定の社会的規模に拡大していく一方で、団体観光旅行も盛況であった（第3章3参照）。この非日常型の旅行は、春秋の特定季節を中心に、都市から地方へ（名

所・観光地巡り、伊勢参宮など)、地方から都市へ(東京・大阪・名古屋・京都などへの都市観光)の双方向型の旅行往来となり、全国的規模で広がりつつあったのである。

表7 昭和戦前期の経済指標

	①国民総支出		②会社数		③国鉄輸送人員	
	名 目 (100万円)	成長率 %	計	前年比 %	計 (千人)	前年比 %
昭和 2（1927）	16,293	2.0	38,516	6.7	789,949	—
3（1928）	16,506	1.3	41,702	8.2	847,300	7.3
4（1929）	16,286	-1.3	46,692	11.9	862,939	1.8
5（1930）	14,671	-9.9	51,910	11.1	824,153	-4.5
6（1931）	13,309	-9.3	57,226	10.2	787,222	-4.5
7（1932）	13,660	2.6	65,041	13.6	781,150	-0.1
8（1933）	15,347	12.3	71,196	9.4	841,150	7.7
9（1934）	16,966	10.5	78,198	9.8	913,565	8.6
10（1935）	18,298	7.9	84,146	7.6	985,041	7.8
11（1936）	19,324	5.6	87,511	3.9	1,058,631	7.5
12（1937）	22,823	18.1	85,042	-2.9	1,156,266	5.9
12年／2年（倍）	1.40		2.20		1.46	

資料）経済企画庁『経済要覧』、内閣統計局『大日本帝国統計年鑑』第58回、昭和14年刊

　この具体的・客観的事実は、国鉄の輸送人員数が景気回復後の昭和8（1933）年と12（1937）年対比で1.37倍、また昭和2（1927）年からの10年間では1.46倍にもなっていることで明らかであろう(表7-③)。

第 5 章　昭和戦前期の旅館の統計記録と経営環境

　このような情勢は、当然ながら旅館業へも波及していたであろう。先にみられた表 6 の三大都市の旅館年間宿泊人員数の動向からも、推測されるのである。
　旅館側では、このような社会の潮流と需要の動向を、どのように受け止めていたのであろうか。一例を挙げると、名古屋駅前・志那忠旅館の白木周次郎・忠夫の父子は、ビジネスマンの業務旅行者の接待を通じて、彼等のニーズに十分対応するには、従来型の旅館経営システムでは限界があることを認識していた。
　そこから、旅館経営の枠組みを超えて、ビジネスマンが利用できる近代的・合理的な構造設備で立体大型施設のホテルを構想、加えて、彼等の旅費に見合う宿泊料のホテルを目指し、彼等のニーズに応えようとしていたのである。
　ビジネスマンの業務旅行は、一部の高級社員の時代からヒラ社員にまで幅広く拡大し、宿泊需要の大衆化時代の到来を確信しての構想であったという（志那忠旅館が「シナ忠ホテル」を設立したものの実現しなかった事情については、第 2 章 4 で記述したとおりである。それより前に白木忠夫は、箱根・富士屋ホテルの Fujiya Hotel Training School に学び、昭和 8 年の第一回修業生であった。ホテル開業に備えて、周到な準備を進めていたことを裏付ける事実である。白木、木村前掲書）。
　全国各地の〈御用旅館〉〈指定旅館〉のみならず、一般旅館においても、相応の対策がとられていたと思われる。
　かくて、旅館業界にとって昭和 10 年前後の経営環境は、「満州事変」後の準戦時体制と呼ばれる慌しい時代でもあったが、なにものも旅行往来の活発化によって、史上最大の需要拡大チャンスが到来したのである。

しかるに、昭和12（1937）年に始まった日中戦争が太平洋戦争へと拡大するにしたがい、すべての事業と、生産・消費に関連する物資に戦時経済統制が強化されるようになり、営業の自由は否定され、経営環境は一変するに至った。

　他方、鉄道輸送は軍用優先ダイヤにされた結果、寝台車、食堂車、特急が廃止されたほか、旅客輸送制限のために、片道100キロを超える旅行には「旅行証明書」を必要とするに至った（前掲『昭和家庭史年表』）など、旅行の自由も奪われたのである。

第6章
宿屋・旅館同業組合組織の変遷

1. 宿屋・旅館業組合と統制組合

『宿屋営業取締規則』の本質

　宿屋・旅館営業は、明治20（1887）年代以降から昭和戦前期まで、各府県令による『宿屋営業取締規則（当初は「宿屋取締規則」、例えば京都府令明治19年第58号、愛知県令明治21年第78号）』によって規制され、「旅人宿営業致度候間御許可被成下度此段奉願候也」（愛知県「宿屋取締規則」）と定められた書式の「営業願書」をもって「所轄警察署ニ願出テ免許鑑札」を受けねば営業できなかった。つまり、自由営業は一切許さない仕組みの下に置かれていたのである。

　規則は、同業組合の組織化を命じており、「営業者ハ警察官署ノ区域毎ニ組合ヲ設クヘシ……。営業者ハ組合ニ加入セスシテ営業スルコトヲ得ス」（京都府令規則第15・16条）とされ、組合の設立と組合への加入は、営業者にとって絶対条件とされた。

　組合の任務には、「取締人ヲ置クヘシ……取締人ニ於テ取扱フヘキ事項、営業ニ関スル諸規則命令ヲ組合営業者ニ通知スルコト……」（明治21年長崎県規則第19～21条。前掲国際観光旅館連盟『旅と宿—日本旅館史』より引用）と定めており、規則の条文は全て「スベシ」「ベカラズ」にみられるように、宿屋業組合に警察行政の末端的役割分担を命じていたのである。

　組合は、規約で「営業上ニ係ル官達其他組合員ノ注意スヘキ条件ヲ通告スル事」という〈上意下達〉を第一にする一方で、「旅客ノ便

第6章　宿屋・旅館同業組合組織の変遷

益ト各自営業上ノ福利ヲ増進スル」ことも組織目的としていた（京都宿屋業組合創立当初の組合規約第1条、第6条）。

　例えば、明治26（1893）年11月、京都宿屋業組合は、京都府会に対し「営業税改正反対」の陳情書を提出したのをはじめ、「不良客引取締請願」「収益税減税陳情」「扇風機税反対陳情」など、その成果は不明ながら、組合員の利益擁護のための自主的組合活動が行われていたのは事実であった（前掲『京都宿屋業組合沿革史』）。

組合規約で義務規定した宿泊料金

　明治26（1893）年、京都宿屋業組合は、京都府知事から許可を受けた「組合規約」で、宿泊料金については一等から五等までの等級別料金を定めるとともに、「京都宿屋業組合員旅客待遇心得書」（第47条9項）を特記し、「宿泊料ハ左ノ等級定価（注、表8）ニ依リ領収シ過当ノ賃金ヲ貪リ又ハ定価外ノ低価ヲ以テ他ノ同業者ト競争スル等ノ所為アル可カラス」という義務規定を設け、その他の規定も含めて、組合規約に違背した者は2円以上20円以下の違約金を徴収する（第48条）という厳しい罰則を加えていた。

　この宿泊料金規定は、京都府公認の「料金カルテル」であり、更に、客引きと出迎えに対する禁止規定（第47条7項、8項）も設けていたなど、組合員に対して強力な支配統制を行っていたのである。

　ちなみに、「組合規約」で定めた宿泊料金は、大正7（1918）年までの間に、物価の上昇を理由に5回改正されており、その推移を示したのが表8である。

表8　京都宿屋業組合の『組合規定』による宿泊料金とその推移

表 8-1

	一等	二等	三等	四等	五等
明治 26（1893）年 10 月	50 銭	35 銭	25 銭	20 銭	15 銭

表 8-2

	梅			竹			松		
明治30(1897)年11月	2 割値上げ								
40(1907)年 1 月	2.5 円	1.7 円	1.2 円	1.2 円	1 円	80 銭	80 銭	60 銭	40 銭
44(1911)年 3 月	2.5 円	2 円	1.5 円	1.5 円	1.3 円	1 円	1 円	70 銭	50 銭
大正 2(1913)年 6 月	3.5 円	2.5 円	2 円	2.5 円	1.8 円	1.2 円	1.3 円	1 円	70 銭

表 8-3

		甲			乙		
大正 7(1918)年 2 月	一等	10 円	7 円	5 円	7 円	5 円	4 円
	二等	5 円	4 円	3 円	4 円	3 円	2.5 円
	三等	3 円	2.5 円	2 円	2.5 円	2 円	1.5 円

資料）京都宿屋業組合『京都宿屋業組合沿革史』の文中から整理、作表した。
注）『沿革史』は、昭和 3 年 1 月「御大典参列員宿泊料決定に伴う宿泊料の改正ありたり」と記録があるが、料金の詳細については記録がない。以降、『沿革史』が刊行された昭和 8 年までには宿泊料金の改正は行われなかったようである。

第6章　宿屋・旅館同業組合組織の変遷

　表8-1は、組合創立当初の規約によるものである。
　この時点で、料金の五等級区分に細分化・選別化を必要とするほど経営内容に格差が生じていたことを示している。
　この格差は、宿屋の階層分化の現実を示すものといえよう。階層分化の現象は、これよりほぼ50年以前の弘化年間（1844～48）と推定される頃には、すでに形成されていたことが『守貞謾稿』（喜多川守貞著、宇佐美英機校訂『近世風俗史（一）』岩波文庫、1996）に記された旅籠屋の宿泊料金から確認されるのである。
　すなわち、三条通りや先斗町には、江戸・大坂の豪商等を主な客にしているものがあるほか、上宿が多くあり、この上宿では、一泊二食付で概ね銀三匁五分（弘化3〈1846〉年の京都銭相場換算では350文、以下同。大阪商業大学小田　忠氏のご教示による）、客の望みにより銀五匁（500文）、稀には金二朱（800文）もある。
　先斗、三条以下？にも200文または250文ばかりの宿もある。洛中諸所に散在するものは商人宿と呼ばれ、中食とともに200文または250文ばかりであった、と記されている。このように、旅籠屋時代においても、少なくとも三つの階層に分化していたのであった。
　表8-2の明治30（1897）年11月の料金改正は、「諸物価騰貴」が理由であり、等級分類を松竹梅の三種に変更したのは前年であった。
　表8-3では、再び等級分類が変更されており、この年の料金改正は「欧州大戦後諸物価暴騰の影響甚だしき」ためであった。
　料金改正の理由にされた諸物価の騰貴を消費者物価指数（昭和9～11年＝100、大川一司ほか『長期経済統計（8）』、大阪都市協会『暮らしと物価―大阪百話』より引用）で検証すると、明治26（1893）年時点では30.4であったが、その後は日清・日露の戦争の影響が大きく、

大正2(1913)年には67.3と消費者物価は2倍強の上昇になっていた。

ほどなく欧州大戦後の反動不況に陥ったが、〈コメ騒動〉へ発展するほど米価が暴騰したことから、物価は6年の76.9が9年には144.0と急激なインフレが起こったのである。

だが、宿泊料金の改正は、明治26年と大正2年の比較でみれば、最高料金（一等、梅）で7倍、最低料金（五等、松）でも4.6倍、また大正2年と7年の比較においても、最高料金（梅、一等甲）2.8倍、最低料金（松、三等乙）2.1倍になるなど、物価上昇を上回る値上げがなされたのは、アウトサイダーの存在を認めない『宿屋営業取締規則』のもとにおける同業組合の、強力な料金カルテルが機能していたからであろう。

ところで、宿泊料金の改定に当たって、等級別に細分化した基準については、「組合規約」に説明が記載されていないため分からないが、ともあれ、立地場所をはじめ建築規模、設備水準、サービス内容など、旅館施設の規模格差と質的分化が進んでいたことの反映であろう。

全国的情勢との関連でみれば、政府の殖産興業政策のもとで発展した経済は、所得格差と社会的身分の階層化をもたらせ、また学校の修学旅行が始まったなど、これまでになく宿泊需要は、多種多様化していたことは確かであろう。したがって、宿泊料金の等級別細分化は、こうした需要者側の多様性に対応するためにも、必要な措置であったと推察される。

大阪府の宿泊料認可標準規定

大阪府の『宿屋営業取締規則』第20条によると、「営業者ハ宿泊

第6章　宿屋・旅館同業組合組織の変遷

料ヲ定メ所轄警察署ノ許可ヲ受クベシ」とあり、個々の営業者の裁量で、宿泊料金が決められるかのような印象を受けるのであるが、実際には警察が「宿泊料認可標準ニ関スル件」（大正15年12月、例規保第16741号）で定めた等級別料金によらねばならなかった。

すなわち、宿泊料の認可は表9で示す標準料金以内に於て適宜決定されるほか、土地の状況其の他の事由により、標準以上の宿泊料を認可されるためには、其の事由を具し、稟議の上指揮を受けねばならなかったのである。

表9　大阪府における宿泊料認可標準（大正15〈1926〉年）

等級	特等	一等	二等	三等	四等	五等
大阪市内	7円	5円	4円	3円	2円	1.5円
其の他	6円	4円	3.5円	2.5円	2円	1.5円

このような宿泊料の認可制は、「宿泊料ヲ営業者各自ノ任意ニ委スルニ於テハ時ニ不当ノ料金ヲ貪ルモノアリ旅客保護ノ趣旨ニ反スル」という理由からであり、そのために「事前ニ於テ取締ヲ行ヒ更ニ処罰ヲ以テ徹底セシム」（大阪府「宿屋営業取締規則公布ニ関スル件」大正15年11月保第15552号）というように、取締りと処罰の二重の規制が加えられていたのである。ここには、旅館業者並びに同業組合に対する信頼関係の欠如が顕著に表れており、更に、認可された宿泊料金を守らないと処罰するというに至っては、まさに警察権力の強圧的態度を表すものであった。

前述のように、京都府の例では、それがたとえ建て前であったに

しても、宿屋業組合が定めた宿泊料金を府が認める形をとっていたのに対して、大阪府は警察行政からの一方的な"押付け料金"であったという大きな違いがある。更に、標準とした料金の算出根拠が示されていないので、旅館業者は納得して受け入れたか疑問が残る。

ちなみに、この認可標準料金は、戦時下の昭和17（1942）年に、宿泊料金が統制されるまで有効とされた。

戦時下統制組合への再編と宿泊料金統制

太平洋戦争の時代は、国家の意図を敏速にかつ確実に徹底せしめる統制組織の必要から、既成組織を全面的に解体し（三宅順一郎『日本中小企業政策史論』時潮社、2000）、商業・工業組合と同様、宿屋・旅館業組合もまた『商工組合法』（昭和18年）にもとづき、都道府県を単位とした「統制組合」として再編させられたのである（例えば、愛知県旅館下宿業組合連合会は、昭和19年に愛知県旅館統制組合になる）。

ホテル業においても同様で、「国民経済ノ総力ヲ最モ有効ニ発揮セシムル為ホテル業ノ統制及之カ為ニスル経営ヲ行ヒ且ホテル業ニ関スル国策ノ遂行ニ協力スルコト」を目的に、日本ホテル業統制組合が設立された（運輸省観光部『続日本ホテル略史』昭和24年）。

昭和17（1942）年には、『価格等統制令』の規定によって旅館、ホテルともに宿泊料金については「宿泊料金統制要綱」に従うことになる。

旅館は、建物設備の良否や立地環境等によって、旅館の格付けを表す級別と、客室の規模・良否を表す等別に区分され、格付けは最高一級から最低十級まで、等別は一級から七級までは一等、二等、三等

第6章　宿屋・旅館同業組合組織の変遷

に、八級以下は一等と二等（岐阜県の例、前掲国際観光旅館連盟『旅と宿―日本旅館史』）というように、きめ細かく分類されることになるが、各都道府県の実情に応じて増減し得ることとし、普通宿泊料金（朝夕二食付一泊）、素泊料金（食事なし）および室使用料を定め、地方長官が公定最高料金として指定することになる。

ちなみに、普通宿泊料金を岐阜県の例にみると、次のように、室料と食事料金が明確に区分して示されており、旅館にとって画期的なことであった。

一級旅館の宿泊料金
一等8円（室料5円、夕食料金2円、朝食料金1円）
二等7円（室料4円、夕食料金2円、朝食料金1円）
三等6円（室料3円、夕食料金2円、朝食料金1円）

二級旅館の宿泊料は、一級旅館の等別のそれぞれ1円差とされ、以下の級旅館も同様の方法により、最低の十級では一等1円30銭（室料70銭、夕食料金40銭、朝食料金20銭）、二等1円（室料40銭、夕食料金40銭、朝食料金20銭）であった。

宿泊料金の指定には、「料理ノ品質低下防止ニ付留意シ、料理品数ヲ併セテ定ムル等ノ方法ニ依ル」ことが条件とされ、以下のように具体例が示された。

級別旅館の料理品数

	夕食品数	朝食品数
一～三級	五品付	四品付
四～八級	四品付	三品付
九～十級	三品付	二品付

（上掲書、この宿泊料金統制額は、のちに数回にわたって改正されたが、昭和25年4月1日以降廃止されるまで継続された）。

　また、客室収容定員については、従来の『宿屋取締規則』では「客室ハ旅客一名ニ付一坪半ヲ下ルヘカラス」（約4.9㎡、愛知県規則第20条、京都府規則第19条）という曖昧な規定であったが、この『統制要綱』によって「6畳1名、8畳2名、10畳・12畳3名、15畳4名、18畳5名」と明確に定められた（上掲『続日本ホテル略史』）。

　同時に、「茶代ハ之ヲ廃止シ、奉仕料ハ室料及飲食料金合算額ノ二割以内（団体ノ場合ニ在リテハ一割以内）ヲ受領シ得ル……」と規定されたことは、既述のように、大正時代から白木周次郎と全国同盟旅館協会が「茶代廃止運動」を行っていたにもかかわらず、「茶代」の慣習がなおも根強く残存していたことを示すとともに、否定された「茶代」に替えて、新たに「奉仕料」という名のサービス料受領が公認され、宿泊料金の仕組みを透明化・合理化するうえで、画期的なことであったのである（同上）。

第 6 章　宿屋・旅館同業組合組織の変遷

2.『環衛法』と旅館環境衛生同業組合

戦後過渡期の業界組織

　昭和 22（1947）年、『商工組合法』の失効に伴い、統制組合は解散した。

　替わって、大阪府では「社団法人大阪府旅館協会」、愛知県では「愛知県旅館組合連合会」というように、早々に新しい業界組織が設立された。その他の府県においても、同様であったと思われる。

　業界組織は、『物価統制令』のもとで、業務用配給諸物資等（大阪府では醤油、硝子、金巾綿布、鮮魚等々のほか、宿泊料金等の査定、遊興飲食税の会員割当、米飯提供業登録申請事務などであった。古田鹿一「回想録」、大阪府旅館環境衛生同業組合『20 周年記念誌』）の組合員・会員への割当および関係官庁との交渉、連絡の機能を必要としたからである。昭和 23（1948）年に『旅館業法』が施行されたが、公衆衛生を主とする立法の性格から、営業や同業組合に関する規定はなかった。

　しかるに、戦災復興が進むにつれ、無秩序な新規参入が続出し、社会問題になるような過当競争が生じる事態に発展したことが発端になり、同業組合の組織と、料金・販売方法の制限等の適正化措置を確保できることを定めた『環衛法』（『環境衛生関係営業の運営の適正化に関する法律』昭和 32 年）が制定されたことにより、既存の業界団体は、都道府県 1 個の旅館環境衛生同業組合を設立、移行することになった。

対個人サービス業急増の構造と需給不均衡問題

　旅館をはじめ理容、美容、クリーニングなどの対個人サービス業種では、家族労働を主体とした小零細規模の企業が多い特徴があり、大概は特殊な技術を必要としないなど、共通して労働集約型の経営であることから、比較的小資本でも開業が可能であり、したがって、新規参入は容易であった。

　敗戦後の産業活動の停滞と、新規雇用を吸収する産業も少なく、極端な就職難の状況の下では、活路を自営業に求めざるをえなかったという事情があり、それが同業者の乱立をもたらし、無秩序な過当競争が起こりうる背景になっていたのである（木村吾郎『現代日本のサービス業』新評論、1981）。

　軍需産業の崩壊に伴う失業者および外地引揚者と復員軍人が加わったことから、労働力人口の過剰を示す完全失業者数は、昭和23（1948）年24万人、25（1950）年44万人と倍増し、ついには30（1955）年に労働力人口の2.5％に当たる105万人までにも高まった（総務庁『労働力調査年報』、国勢社前掲書より引用）。

　こうした社会情勢のなかで、全国的に対個人サービス業への新規参入が増大化していき、例えば、昭和24（1949）年から昭和30（1955）年の間に施設数は旅館1.5倍（35,652→54,285へ）、理容1.3倍（64,996→86,384へ）、美容1.8倍（26,127→46,667へ）、クリーニング1.4倍（昭和27年16,769→昭和30年23,182へ）、公衆浴場1.4倍（13,199→19,178へ）と何れも急増が続く状況であった（厚生省『衛生行政業務報告』）。

　なかには、戦災を受けた大都市および地方中核都市の施設で、復

第 6 章　宿屋・旅館同業組合組織の変遷

興再建を果たした例があるにしても、絶対多数は新規に参入した施設であったのである。

　他方、需要者側の状態はどのようであったのであろうか。

　敗戦後の都市勤労者世帯の家計の貧しさは、エンゲル係数が昭和25（1950）年の57.4％という極端な高さと、6年後の昭和31（1956）年になっても、なお42.9％（総務省『家計調査年報』）であったことに表れており、食料費への支出が絶対優先のもとでは、対個人サービスに対する消費支出は、全体に消極的・節約的であったであろう。

　かくて、対個人サービス営業分野の需要は、全体に絶対的不足の状態であったにもかかわらず、なかでも大都市でのサービス供給は、需要条件と無関係に急増したことから、需給の不均衡状態が生じ、サービス供給者間で過当競争が起こるもう一つの原因となり、それはまさに現実の深刻な問題へ発展していったのである。

『環衛法』立法化の背景

　わが国の経済が、復興再生から発展へのきっかけになったとされる「朝鮮特需」を経て、「もはや戦後ではない」（昭和31年『経済白書』）と宣言された昭和30年代当初においても、「二重構造論」の問題提起で示されたように、「労働集約的生産部門が近代部門と共存」する典型としての農業と工業の不均衡的発展問題、過剰労働力人口の圧力のもとでの大企業と中小企業間および中小企業内部間の問題等、それぞれの間に存在する生産性、所得、賃金等の諸格差に表れる構造的矛盾を内包していたのである。

　この頃、対個人サービス業では、企業間で過当競争の様相が顕著

にみられるようになり、旅館業では、国鉄駅前での顰蹙される客引き行為が問題視されたほか、大阪、東京の大都市部で、理容業の低料金競争が繰り広げられ、クリーニング業の長時間労働など、競争のための競争が起こるという悪循環に陥り、料金の低下が比例的に衛生措置を含めたサービスの質的低下をもたらす弊害も生じ、また競争の犠牲といえる倒産や、従業者に結核患者が急増していたなど、正常な経営が阻害されるほどの混乱状態で、単に業界だけの問題に止まらず、社会問題にまで発展するに至った（木村前掲書）。

このような過当競争は、対個人サービス業だけにみられる特殊性ではなくて、各産業の中小企業一般に共通する問題でもあった。つまり、問題の本質は、当時の経済の「二重構造」にあり、過当競争はまさに構造的矛盾の露呈であったのである。

過当競争が激化していた理容業では、全国理容業組合連合会の組織のもとで、昭和29年から32年（1954～1957）にかけて、低料金阻止、生活権・営業権保障の立法化、過当競争防止対策に『理容師法』の改正を要請するため、厚生省、衆参両院厚生委員会等への陳情のほか、全国理容業者1万人総決起大会を開催、他方、旅館、美容、クリーニング、公衆浴場の4業種団体と結束、衆議院へ『環衛法』制定促進を陳情していたなど、緊迫した事態のもとにあった業界情勢を背景に、積極的な政治活動が行われていた（木村同上）。

当時、政府与党、野党を問わず、産業の復興と過剰労働力人口の有力な受け皿でもあった中小企業、なかでも綿スフ織物等の繊維工業やブラウス・ミシン・洋食器等の輸出中小工業等に対して、過当競争を防止し、生産調整等を可能とする『中小企業安定法』（昭和29年改正）の立法化で対応しつつあった。次いで、『安定法』の対象外であった

第6章　宿屋・旅館同業組合組織の変遷

　対個人サービス業については、大都市部をはじめ全国各地で正常な経営が阻害されるとともに、衛生措置の低下が憂慮されるほどの過当競争が激化しつつあったので、経済秩序の維持と、経営の安定をもたらすための措置を講じる緊急性が、政党間共通の認識であった。

組織化と調整事業を保障した『環衛法』

　理容業をはじめ、関連4業種団体の陳情に促進され、昭和32（1957）年、自由民主党と社会党が共同提案した「環境衛生同業組合・同連合会」の組織化と、営業方法の適正化規定の策定等、過当競争の防止策を骨子とする『環境衛生関係営業の運営の適正化に関する法律案』(略称『環衛法』、昭和54年に第1条目的の全部改正に伴い、平成12年に題名を環境から『生活衛生関係営業の運営の適正化及び振興に関する法律』に改められた）は、ようやく可決成立をみたのである（木村上掲書、『平成10年版環衛ハンドブック―環境衛生関係営業資料』中央法規）。

　この法律によって、上述の対個人サービス業種は（ほかにも興行場、飲食店、喫茶店、食肉販売業、氷雪販売業が含まれる）、行政上の一括した名称を「環境衛生関係営業（法改正に伴い、生活衛生関係営業と改められた）」と呼ばれるようになった。

　同法の目的を要約すると、環境衛生関係営業者の組織の自主的活動を促進するとともに、業界における過度競争により、衛生措置の基準を遵守することが困難と認められる事態が起った場合、または起るおそれがある場合に、料金または販売価格の制限その他経営の安定をもたらすための措置を講じうることとし、これによって適正な衛生措置を確保し、もって公衆衛生の向上及び増進に資することにある、と

される。これは、昭和戦前期の強制組織とは異なり、同業者間の自主的意志のもとでの業界の組織化と、共同の利益となりうる調整事業の二つの機能を保障する画期的な法律であった（木村上掲書）。

都道府県別同業組合と全国同業組合連合会の組織結成

　旅館業においても、『環衛法』によって47の都道府県を単位とした旅館環境衛生同業組合が組織され、昭和33（1958）年には、その上部機構として全国旅館環境衛生同業組合連合会（全旅連）が結成された。このように、法施行とほぼ同時というほど都道府県の組織化のスピードが早く、更に加えて、全国を一体化した組織にまで発展した背景には、同業者間における過当競争の危機感が高揚していた状況があり、その解決のための手段となる同業組合に期待されたからであろう。

　同業組合の組織は、都道府県下の一般旅館、温泉旅館などの別なく、横断的全員参加が望まれたが、加入を強制されるものではなかった。したがって、発足時点における組織化率は、都道府県すべて100％というわけではなかったとみられるが、仮に全国すべての旅館が加入していたとすれば、昭和33（1958）年には60,401であったことになり、同じく理容所の97,654に次ぐ大組織になっていた可能性がある（全国の施設数合計、厚生省前掲書）。

　ちなみに、愛知県では、昭和32（1957）年12月、旅館環境衛生同業組合が創立された時点の加入組合員は、県下旅館業者の82％に当たる1,796と記録されており、組合に対する期待の高さを示す組織率であったといえよう（愛知県ホテル・旅館生活衛生同業組合前掲書）。

第6章　宿屋・旅館同業組合組織の変遷

同業組合と全国同業組合連合会（全旅連）の活動

　昭和30年代後半以降、政府の「所得倍増計画」によってもたらされた高度経済成長のプラスの側面を、都市勤労者世帯月平均実収入額で検証すると、昭和31（1956）年の30,776円が昭和51（1976）年には260,098円へ8.4倍に増加し、他方エンゲル係数は42.9％から30.4％へ大きく低下したことによって、家計に豊かさが実現することになる（国勢社前掲書）。家計収入の増加は、サービスへの支出を選択的へと作用することになり、サービス需要条件の好転を意味するものであった。

　旅館業にとっては、かつて昭和10年代の頃に経験したような、あるいはそれ以上の観光旅行ブームの再来が、期待できる経営環境へと好転する事態になりつつあったのである。加えて、ビジネスマンの業務旅行が増大していたことは、いうまでもないであろう。

　かくて、全国各地の同業組合では、適正化等調整規程を必要とするほどの深刻な過当競争の事態に直面するようなことはなかったとみられるが、替わって、都市部では新規参入してきたホテルと国鉄ホテルの建設問題（昭和46年、当時の国鉄は赤字解消のために全国主要都市にビジネスホテル建設を計画）、地方の観光地、温泉地などでは、年金・簡保・共済組合等公営宿泊保養施設の参入問題など、『環（生）衛法』ではまったく想定外の事態の対処を迫られるようになる。

　ホテルについて紛争になった少数の事例では、『環（生）衛法』では対処しえないために、『分野調整法（中小企業の事業活動の機会を確保するための大企業者の事業活動の調整に関する法律）』に委ねられることになる。

公営宿泊施設の新設・増改築問題では、それぞれが〈大義名分〉を有する相手であるために、全旅連が「公営宿泊施設等対策本部」を設置（平成 10 年）、組織的団体交渉で対処することになり、問題の所在や交渉過程などは、マスコミの報道を通じて、同業組合の存在を示す機会となった。
　更に、全旅連が、全国の同業者を結集して行った業界史上最大規模の「特別地方消費税廃止運動」（平成 8 年）は、長年の差別的不公平税制という主張を政府与党に認めさせ、平成 11 年度末をもって撤廃させるという大きな成果をかち取ることになるのであった（愛知県ホテル・旅館生活衛生同業組合前掲書）。

同業組合の事業

　同業組合が発足して以来の主な事業では、組合員・従業員とそれぞれの家族が加入できる「食品国民健康保険」の福利厚生事業がある。
　組合員の金融については、環境衛生金融公庫・国民生活金融公庫（注 1）の構造設備、または営業施設の整備改善及び経営健全化のための資金（注 2）、商工中金の短期借入（組合を通じた転貸融資）などの融資あっせん事業がある（『環（生）衛法』第八条七項、九項の規定に基づく事業）。
　組合のあっせん融資は、旅館の同業組合員に対し、「衛生施設の改善向上と、経営の健全化、振興等を通じて、衛生水準の維持向上を図り、国民の福利を向上させる」という国の政策目標に副い、「一般の金融機関が融通することを困難とするものを融通」する目的からなさ

第 6 章　宿屋・旅館同業組合組織の変遷

れる一般設備貸付のほか、振興事業貸付、特別貸付（災害貸付を含む）など、キメ細かな仕組みの〈政策融資〉を利用するものである。

（注1）　環境衛生金融公庫は、公衆衛生の見地から国民の日常生活に密接な関係のある環境衛生関係の営業について、衛生水準を高め、及び近代化を促進するために必要な資金であって、一般の金融機関が融通することを困難とするものを融通し、もって公衆衛生の向上及び増進に資することを目的に、昭和 42 年に設立された。目的に示されたように、環境衛生関係営業向けの政府系融資専門機関であった。平成 11 年、国民金融公庫と統合され、国民生活金融公庫となった。

（注2）　環境衛生金融公庫の環境衛生関係営業に対する貸付は、公庫設立当初の昭和 42（1967）年度は貸付件数 9,588、貸付額 61 億円であった。環境衛生金融公庫が国民生活金融公庫と統合する前年の平成 10（1998）年度は貸付件数 3,335、貸付額 2,145 億円であった。国民生活金融公庫のホテル・旅館業に対する貸付は、平成 17（2005）年度 7,267 件、貸付残高 1,501 億円であった。ちなみに、環境・生活関係営業への貸付のうち、ホテル・旅館業の割合は件数の 4.1％、貸付残高の 19.9％である（『平成 11 年版環衛ハンドブック―環境衛生関係営業資料』中央法規、国民生活金融公庫『業務統計年報―平成 18 年版』による）。
　　　平成 20（2008）年 10 月、国民生活、中小企業、農林漁業の金融公庫および国際協力銀行（金融部門）の政府系金融機関は統合され、日本政策金融公庫となる。

第7章
国際観光事業の復活と旅館の組織化対応

1. 国際観光事業の経緯

貿易収支改善問題と国際観光事業

　外国人観光旅行客の誘致を中心とした国際観光事業が、国家が関与すべき事業に位置づけられるようになったのは、昭和5（1930）年、鉄道省に国際観光局が設置されてからである。

　政府が決断した背景には、明治期以降、貿易収支の構造的不均衡の問題が存在しており、改善対策が積年の課題にされていたものの、依然として解消するに至らず、ついには正貨保有高が最低水準にまで落ち込み、昭和恐慌の経済的危機の打開とあいまって、外貨収入の増加対策が切迫していたからであった（正貨保有高が最高であった大正9年は21億7,800万円であったが、以降ジリ貧状態が続き、昭和5年には9億6,000万円にまで激減した。安藤良雄編前掲書）。

　ところで、明治政府の殖産興業政策によって、多くの分野で近代産業が勃興してきたが、繊維など少数の産業以外に、貿易収支の改善に貢献できうるほどの有力な輸出産業が育たなかったなかで、残された唯一の外貨獲得手段として期待されたのが、欧州先進諸国で先例のある外国人観光旅行客を誘致する国際観光事業であった。

　外国人観光旅行客の誘致事業は、わが国にとって経済的・文化的意義がきわめて高いという認識のもとで、明治26（1893）年、渋沢栄一、益田孝等財界有力者によって創立された喜賓会による先駆的活動を経て、明治45（1912）年、ジャパン・ツーリスト・ビューロー

第7章　国際観光事業の復活と旅館の組織化対応

へ発展的に受け継がれ、民間の事業として運営されてきた経緯がある（前掲木村『日本のホテル産業100年史』）。

国際観光局は、外国人観光旅行客の受け入れ態勢整備のために県、市、町の公共団体が建設するホテルには、政府資金の長期低利の融資斡旋を行うこととし、昭和15（1940）年までに15のホテルへ895万円を斡旋融資した。

他方、対外誘致宣伝活動のために「国際観光協会」を設置し、ニューヨーク、ロサンゼルスに事務所を置き、対米宣伝を中心に活動が開始された。次いで、パリ、北京、上海、香港、ロンドン、マニラにも事務所が順次設置されるようになる。鉄道省は、協会の事業費の補助金として昭和10（1935）年から15（1940）年にかけて合計500万円を支出した（内閣総理大臣官房審議室『観光行政百年と観光政策審議会三十年の歩み』昭和55年）。

喜賓会の創立から40年を経た昭和11（1936）年、待望された観光収入（外国人国内消費額）は1億円を超え、相当に評価されるべき金額水準に達し、国を挙げた国際観光事業は、漸く軌道に乗りつつあるようにみえた。しかるに、日中戦争と第二次世界大戦が勃発し、更に太平洋戦争へと拡大するに及んで、国際観光事業は挫折してしまい、先人の努力と、巨額の投資がともに水泡に帰してしまったのである。

国際観光局は、鉄道省の行政簡素化実施を理由に、昭和17（1942）年11月、廃止されてしまった（前掲運輸省観光部『続日本ホテル略史』）。

2. 国際観光旅館連盟結成の背景

旅館業界最初の国際観光事業

　敗戦後、国際観光事業復活の緒となったのは、昭和22（1947）年8月、民間貿易が再開され、輸出品買付けの外国人バイヤーの入国が、3週間を限度に許可されたことからであろう。しかしながら、外国人バイヤーの入国やアメリカ在住日本人の祖国観光旅行希望の高まりにもかかわらず、受け入れ施設であるホテルの不足を理由に、占領連合軍によって厳しく入国が制限されていた。

　昭和25（1950）年末当時、戦災を免れた45のホテルは連合軍に接収されており、自由営業が許可されていた40のホテルは、洋式客室1,101、収容人員2,075人（運輸省観光部『外客斡旋の現況』、昭和25年）であったものの、3割に当たる12のホテルは九州（とくに雲仙）に所在しており、東京、横浜、大阪などを目的に訪日する外国人に適用できるホテルは、ごく少数という状況であった。

　運輸省は、昭和5（1930）年当時の情勢と同様に、外貨獲得のための外客誘致は、国家的課題という認識のもとで、先ずは外客受け入れ施設を充実させることが急務であるとの政策方針をたて、ホテル不足の状態を補う可能性のある旅館に注目することになる。

　昭和23（1948）年、運輸省観光部が推進役となって、広く全国の旅館有力者に外客受け入れ態勢づくりを呼びかけ、観光部、旅館（当時、絶対的供給不足であった業務用繊維製品等の配給割当て確保のために、観

光課と折衝していた旅館組合の関係者とみられる）および日本交通公社の三者による観光協議会を開いたことが契機となり、全国の有力旅館を中心とした組織化の動きが始まった（国際観光旅館連盟『国観連 40 年の軌跡』、昭和 63 年）。

同年 12 月、「観光都市、観光地、温泉地において外客を宿泊せしむるに適する日本旅館の発展向上を期し、以て国際観光事業の伸展と発達とに貢献すると共に、国際観光事業に寄与することを目的」（国際観光旅館連盟定款第三条）に、当初会員 173 名で国際観光旅館連盟（略称・国観連）が結成されたのである。

かくて、運輸省の意図のもとに復活した戦後の国際観光事業は、その一方におけるホテルを含めて、漸くその第一歩を踏みだすことになるのであった。

3. 会員資格要件と会員数の推移

外国人旅行客に適応可能な会員の条件

国観連は、会員資格要件をおよそ次のように定めている。

まず、経営者は社会的信望があって、国際観光事業に深い理解をもち、本事業に進んで協力しようとする意欲と、外客接待に誠意、熱意のある人格者を第一条件とし、その有する施設は環境、建築、外観、庭園等が優秀で、外客を喜ばせるに足る第一級の旅館であること。更に、客室数は都市では 20 室、地方では 10 室以上をもち、その設備、

調度品等に日本趣味を発揮するもの、または優秀なる洋室を相当数有するものであること、であった（国観連創立時における最初の会員の具備条件。同上）。

表 10　国観連会員数の推移

年度	会員数
昭和 23（1948）	173
24（1949）	230
25（1950）	311
30（1955）	482
35（1960）	769
40（1965）	1,217
45（1970）	1,828
50（1975）	2,206
55（1980）	2,379
60（1985）	2,253
平成 2（1990）	2,201
7（1995）	2,172
12（2000）	1,943
17（2005）	1,479

資料）国際観光旅館連盟調べ

　ところで、国観連加入会員数は表 10 にみられるように、発足時の 173 から逐年増加を続け、昭和 56（1981）年にはピークとなる 2,383 を記録した。この間 33 年、加入会員数は 13.8 倍に増加するに至ったのであった。これは、〈国観連加盟資格基準〉を目標に、施設の構造・設備等の質的レベルの向上を図った旅館が、全国的に増加し

第 7 章　国際観光事業の復活と旅館の組織化対応

ていったことを示すものであった。

　しかしながら、会員は、翌昭和 57（1982）年からは減少へと反転するようになり、平成 17（2005）年の 1,479 は、ピーク時に比べて 38％ も減少しており、国観連の組織そのものにとっても、憂慮すべき事態となっている。

　後述のように、会員で「政府登録旅館」になるものが増加しており、それが会員数減少の一つの理由であるとすれば、国観連組織の在り方に、何等かの問題が生じているからであろう。その一方では、日観連との組織再編統合が相互で合意されており（第 8 章 1 を参照）、実現すれば、旅館業界全体に及ぶ再編問題へと拡大する可能性がある。

4.『国際観光ホテル整備法』の成立

登録旅館制度の始まり

　敗戦後のしばらくの間は、重要産業以外は建築に厳しい制限があり、建築資材も不足していたのみならず、資金調達もまた極めて困難であったために、外客受け入れ施設としてのホテルの整備がはかどらず、こうした現実を打開するために、運輸省は、法律的な助成指導措置が急務であるとし、昭和 24（1949）年 6 月、観光関連法規としてはわが国最初となる『国際観光ホテル整備法』を提案、同年 12 月に成立、翌年 6 月施行されることになった（平成 20 年 10 月、『整備法』は全面的に改正された）。

同法によれば、一定の基準に達した施設は運輸大臣（当時、法改正で観光庁長官）の登録が受けられることになり、登録ホテルには固定資産税の減免、施設設備等に要する資金の斡旋などの優遇措置が受けられること、また、一定基準以上の施設を有する旅館に対しても、同法の一部が準用されることになり、こうして、「政府登録ホテル」とともに「政府登録旅館」の制度が実現するに至った（法改正で「政府」の部分が省略され、「登録」だけになる）。
『整備法』は、ホテルと旅館のエリートの早急な育成を通じて、全体のレベルアップへつながることに期待していたとみられる。
「登録旅館」の施設基準については、環境、建築、外観及び庭園が優秀で、外客を喜ばせるに足るもので、外客の宿泊に適する客室数が、東京都の区のある区域並びに京都市、大阪市、横浜市、神戸市及び名古屋市においては10室以上、その他の地においては5室以上であること、とされた（『整備法』制定当時の施設基準）。
　かくて、国観連会員資格を具備する旅館は、既述のように、『整備法』が定める一定基準以上の施設を備えていることから、「登録旅館」になりうる可能性が明らかになり、国観連旅館であって「登録旅館」になるものが増加していくことになる。

第7章　国際観光事業の復活と旅館の組織化対応

5.「登録旅館」と国観連会員旅館の関係

国観連会員の減少と登録旅館増加の問題

　昭和25（1950）年、『整備法』の施行にもとづき、最初に政府登録されたのは2施設のみであったが、翌年以降登録される旅館が続出していった状況は、表11にみられるとおりである。法施行50年に当たる平成12（2000）年には、施設数2千の大台に達し、また客室数では平成16（2004）年に13万室を超えるほどに増大するに至った。全国旅館施設の全体が、昭和50年代後半以降にそれまでの増加の趨勢から、一転、減少へと大きく転換した状況と対照的に、「登録旅館」の伸張が著しい。

　ところで、国観連会員旅館で「登録旅館」でもあるものの割合は高まりつつあり、最近年の平成17（2005）年には82.2%にもなっている。しかしながら、「登録旅館」の全体のなかで国観連の会員でもある旅館の割合は、昭和55（1980）年の93.1%をピークに、以降は低下傾向を強めつつあり、平成17年（2005）年には61.3%にまで低下している。この結果、いまや国観連に加入しない「登録旅館」が増加してきたことが明らかになっている。

99

表11 登録旅館の推移

年　度	登録旅館(A)	うち国観連会員旅館(B)	国観連会員旅館の割合(B/A)
昭和25（1950）	2	1	50.0
30（1955）	94	71	75.5
35（1960）	338	225	66.5
40（1965）	644	525	81.5
45（1970）	1,132	973	85.5
50（1975）	1,490	1,345	90.2
55（1980）	1,640	1,527	93.1
60（1985）	1,649	1,453	88.1
平成　2（1990）	1,639	1,467	89.5
7（1995）	1,913	1,578	82.4
12（2000）	2,022	1,530	75.7
17（2005）	1,984	1,216	61.3

資料）総理府・国土交通省『観光白書』各年、重松敦雄『ホテル物語―日本のホテル史』昭和41年、国際観光旅館連盟資料

6.『整備法』の特例優遇措置

優遇税制と政府系金融機関の融資

『整備法』施行以降今日に至るまで、「登録旅館」が伸張し続けてきた理由は、国税、地方税（固定資産税）の減免等の優遇措置および施

第 7 章　国際観光事業の復活と旅館の組織化対応

設・設備用資金の融資の二点にあったといえよう。法施行当初、条件によっては租税特別措置法の特例耐用年数 50% 縮減が適用されたことにより、一般旅館が建築費の 90% を償却するのに 27 年を要するのに対し、「登録旅館」は 15 年で同額となり、減価償却額の損金算入とともに法人税、所得税の非課税扱いとなる特典によって、少なくとも 10 年目ごとに施設の大改造を必要とする旅館にとっては、大きな助成になったと評価されている（前掲『国観連 40 年の軌跡』）。

　近年においても、登録ホテル，登録旅館が存在する 589 市町村のうち、46% に当たる 273 市町村では、固定資産税、不動産取得税等について不均一課税の条例を設け、軽減措置が実施されている（『平成 20 年版観光白書』）。

　資金の融資については、政府系金融機関を通じて実施されることになっていた。

　まず日本開発銀行（現在は日本政策投資銀行）の国際観光融資枠─国際観光収入を増加させる効果の顕著かつ確実な施設─からは、昭和 36（1961）年度より、また地方開発融資枠─後進地域の経済の振興を基本とし、国際観光収入を増加させる効果の顕著かつ確実な施設─からは、翌昭和 37（1962）年度より旅館に対する融資が開始された。

　北海道東北開発公庫（当時）では、国際観光旅館業（登録旅館および登録旅館になるための施設改善資金、原則として資本金 1 千万円以上）について、昭和 37（1962）年度より融資が開始された。

　中小企業金融公庫（当時）では、登録ホテル・旅館の整備と登録のための整備、および日本ホテル協会・国観連の加盟施設基準に適合する施設の整備などについての融資は、昭和 28（1953）年度より開始されていた（重松前掲書）。

101

ちなみに、日本開発銀行の旅館向け融資額は、昭和37（1962）年度より53（1978）年度までの16年間に累計216億8千万円、北海道東北開発公庫同691億3千万円（ホテルを含む）、中小企業金融公庫（昭和26年度〜53年度まで、ホテルを含む）1,346億5千万円、沖縄開発金融公庫（昭和47年度〜53年度まで、ホテルを含む）216億2千万円であった（内閣総理大臣官房審議室前掲書）。

　かくて、『整備法』適用の旅館では、優遇税制と並んで、政府系金融機関から巨額の設備資金が融資されており、他方、一般旅館の場合は、環境衛生・国民生活金融公庫から同業組合の斡旋融資の方法でという相違があるが、両者を合せて旅館業全体のレベルアップの実現に、政府系金融機関の融資は、大きな支援になったとみなければならないであろう。

第8章
日本観光旅館連盟と
日本交通公社協定旅館連盟

1. 日本観光旅館連盟結成のいきさつ

国鉄と旅館業の関係

　旅館業界には、既述の国際観光旅館連盟のほかに、組織の経緯が異なる日本観光旅館連盟（略称・日観連）がある。

　日観連が創立40年を記念して編纂した『日観連40年の系譜』（平成2年）によれば、組織されたいきさつは、およそ次のようであった。

　敗戦後の混乱期に（昭和20年8月以降の4〜5年間とみられる）、当時の国鉄駅内外で起っていた旅館同士間の、度を越した客引きなどの迷惑行為（この状況は、のちに『環衛法』が制定される原因の一つになったとみられる）に対処するために、国鉄は駅構内に旅館の案内所を設置し、国鉄が信頼できる旅館の要員が担当して、秩序のある旅館案内ができればという構想が起り、昭和24（1949）年6月、この構想を引受けてくれる〈優良旅館〉の選定作業が始められた。

　ところで、昭和戦前の国鉄には、鉄道省（本省）や鉄道局（地方統括局）から出張してくる職員が利用できるように、全国各地に「鉄道省指定旅館」が制度として設けられていた。戦災などの試練を経て、当時現存していたかつての指定旅館を中心に、〈優良旅館〉探しが国鉄自身の手によって行われたという。

　一方、旅館側でもこの構想に呼応して、積極的に参加協力する動きが起り、昭和25（1950）年の初めには約1,500軒、4月には2,000軒を超えるまでになったことから、同年6月、全国各地の旅館有志

第8章　日本観光旅館連盟と日本交通公社協定旅館連盟

と国鉄関係者が参集し、名称を「国鉄推せん旅館全国連盟」とした組織の創立総会が開催されるまでに発展するに至るのである。

　このとき、国鉄は、部内規定として「日本国有鉄道推薦旅館規程」を制定し、選考方法、選考基準まで事細かに定めていたという。国鉄にとってこの推せん旅館制度は、当初の駅構内旅館案内所構想をはるかに超え、国鉄本来の旅客輸送に宿泊を加えて、一体化させたいとする営業施策へと飛躍するものであったとみられる。

　これより2年前の昭和23（1948）年には、既述のように、運輸省主導のもとで、外国人観光旅行客に対応可能な旅館によって「国観連」の全国組織化が先行しており、はからずもこの時期には、組織理念が全く異なる二つの全国旅館の重層的組織化が、並行して進められていたのであった。

日本観光旅館連盟へ改組された理由

　昭和30（1955）年、国鉄は「国鉄用地の貸付に関し、特定企業に不当に特恵待遇を与えている」と国会で指摘されたことが発端となり、このため国鉄は、外部団体との関係整理を行うと同時に、旅館推せん制度もまたこれに伴い、昭和32（1957）年3月末で打ち切られることになった。

　旅館側では、国鉄推せん旅館全国連盟の組織の存続を決定し、同年4月、名称とともに組織を「社団法人日本観光旅館連盟」に改め、国鉄依存から脱却し、自らが主体となって新しく発足することになるのである。

日観連と国観連の再編統合問題

　かくて、日観連は、国鉄の旅客のみを対象とした従来の事業目的を転換、更に幅を広げて全交通機関の旅客を対象とし、「旅客に対して快適にして最良の宿泊を提供することによって観光事業の推進に協力し、また旅館の改善推進を図ることにより、観光事業の向上に寄与する」（日観連資料による）ことを目的に、活動を開始した。

　事業の目標を、国観連と比較する意味で併記すると、次のとおりである。

日観連の事業目標	国観連の事業目標
①旅館における施設及びサービスの向上改善	①日本旅館における外客受入れ施設の向上・整備・充実
②旅客に対する接遇向上	②日本旅館における外客接遇の向上
③交通機関、観光関係機関との連絡調整	③外客誘致のための宣伝
④旅館、旅客接遇に関する調査・研究	④外客宿泊施設及び外客接遇に関する調査研究・指導
⑤旅客に対する会員の周知宣伝	⑤日本旅館従業員の資質向上
⑥旅館従業員の資質向上	

　両者の比較で明らかなように、日観連と国観連の事業目標が相違する唯一の点は、〈外国人旅行客受入れのあり方〉の有無だけであり、この点を除けば、施設の向上改善をはじめ、旅客接遇の向上、誘致宣伝、従業員の資質向上など、目指す目標は同じであることが分かる。このように、事業の目標には、日観連の独自性を示すものはなかった。し

第 8 章　日本観光旅館連盟と日本交通公社協定旅館連盟

たがって、事業目標に限っていえば、日観連と国観連の二つの組織が並立、共存する理由はないという批判があったとしても、もっともなことであった。

　更にいえるとすれば、これまで国の税制や金融等の重要な課題に対して、日観連と国観連が一体となって取り組んできた事実であろう。例えば、「遊興飲食税」撤廃運動をはじめ、同税の免税点引き上げ・税率引き下げ、「公給領収証制度」「料理飲食等消費税＝特別地方消費税」「入湯税」反対等々のほか、旅館等関係業種向け専門の、政府金融機関の設立要望（6 章‐2 注 1 のとおり、環境衛生金融公庫として実現された）などについては、両組織および全旅連を先頭に、業界挙げて政治折衝を行い、相当の成果をかち取ったという歴史的経緯が指摘される（前掲『日観連 40 年の系譜』参照）。

　ところで、高度経済成長が達成された頃から、国民生活に豊かさが実現するとともに、日本人旅行客の質量レベルが格段に向上し、国観連旅館としては、外国人旅行客を特に意識する必要性は希薄になっていったとみられる。

　このような情勢の変化のもとで、両組織の共存を否定的に捉えていた会員が、大多数になっていたようであった。例えば、日観連の会員の中から、「日観連と国観連は、将来組織合併すること」が提案されたことで、明らかになるのである（日観連平成元年度通常総会で、米子支部から緊急動議として提案され、満場一致で採択された。前掲『日観連 40 年の系譜』）。

　この時点以降の、両組織間でなされた統合交渉の経過については分からないが、平成 18（2006）年 11 月、再編統合した強力な新組織により、効率・効果的な事業運営を図っていくことが確認され、

「再編統合に関する基本合意」に達したこと、および国観連を存続法人とする旨の発表が両連盟の名によってなされ、人事など世俗的問題を内包しながらも、漸く実現を目前にするまでに至った（両連盟が発表した関係資料による）。

会員数増加から減少への趨勢

　日観連として発足した時点の加盟会員数は4,536であった。昭和25（1950）年、旧組織の国鉄推せん旅館全国連盟が発足した当時の会員数2,252からみれば、2倍に増加したことになる。かつて、国鉄が求めた優良旅館という"選ばれる階層"の裾野が広がり、日観連"ブランド"の声価の高まりとあいまって、会員数増加につながったのであろう。

　表12にみられるように、逐年会員数の増加が続き、昭和55年（1980）年には新組織発足時点に比べて2倍増となる9,367のピークを記録している。

　しかしながら、翌昭和56（1981）年から一変して減少傾向が表れるようになり、昭和62（1987）年には8,531と会員数の減少はより明白になるのである。その後は更に減少が加速化、平成17（2005）年には遂に5千の大台をさえ割込み、ピーク年に比べて半減してしまうのであった。

　会員数減少の理由の大方は、廃業・転業による自然減に加えて、会員であるメリットの喪失を理由にした退会が重なったものと推測される。

第 8 章　日本観光旅館連盟と日本交通公社協定旅館連盟

表 12　日観連会員数の推移

年度	会員数
昭和 25（1950）	2,252
30（1955）	4,371
32（1957）	4,536
35（1960）	5,555
40（1965）	7,130
45（1970）	8,267
50（1975）	9,045
55（1980）	9,367
60（1985）	9,074
平成 2（1990）	8,341
7（1995）	8,003
12（2000）	6,689
17（2005）	4,769

資料）日本観光旅館連盟調べ

　この間、度々の景気変動のほか、国観連との間の微妙な関係など、日観連にとって時代の潮流は、時には激しく、更には格別な速さも伴っていたのである。
　ともあれ、日観連は国観連と再編統合への方向が決定されており、いずれ実現すれば、創設以来 50 余年の歴史的終焉を迎えることになるのである。

2.「旅館券」の復活と日本交通公社協定旅館連盟

「旅館券」と送客実績

　太平洋戦争期のあいだ中断していたビューロー（戦中は東亜旅行社・東亜交通公社、昭和20年9月から日本交通公社と改める。以下公社）の「旅館券」は、昭和22（1947）年4月、「旅館予約券」として復活した。この「旅館予約券（のちに再び旅館券となる）」は、予約金と通信費を公社に支払い、現地の旅館で差額を支払うという仕組みであった。この制度の実施のために協定した全国の旅館は、当初は557軒であったが、以降毎年増加していき、昭和30（1955）年には3,700軒に達した。

　ところで、『日観連40年の系譜』には、「国鉄推薦旅館と日本交通公社のクーポン協定旅館を一本化する為、連盟規約を改正」（昭和26〈1951〉年の項）という記載事項があり、この頃には、国鉄推せん旅館は公社協定旅館でもあったことになる。

　公社から旅館への送客数は、表13にみられるように、昭和24（1949）年は125万人であったものが、国鉄輸送力の整備増強に伴う旅行の円滑化が進んだこともあって、昭和30（1955）年には4倍強の520万人へと激増した（前掲『公社七十年史』）。

　公社から「旅館予約券」による送客数が年々増加を続ける状況のもとで、受け入れ側の協定旅館にとっては、例えば、昭和30（1955）年の一軒当たり年間平均1,400人の送客は、極めて魅力的であったと

第 8 章　日本観光旅館連盟と日本交通公社協定旅館連盟

思われる。

表13　公社協定旅館と「旅館予約券」送客数

年	協定旅館数	送客数（万人）
昭和 23（1948）	1,093	—
24（1949）	1,983	125
25（1950）	2,196	175
26（1951）	2,696	247
27（1952）	2,631	380
28（1953）	3,000	421
29（1954）	3,300	480
30（1955）	3,700	520

資料）日本交通公社『公社七十年史』、1982

公社協定旅館連盟の結成

昭和31（1956）年、新たな「旅館券」制度が始められた。

すなわち、「公社の業務方針に協力して旅客に良好なサービスを提供するとともに、会員相互の連絡を緊密にし、あわせて会員の営業の発展向上をはかる」ことを目的に、任意団体としての日本交通公社協定旅館連盟（略称・公旅連）が結成された。会員は、公社と「旅館券」契約を締結した旅館（のちにホテルが加えられた）であることで、連盟は目的達成のために、次の事業が行われることになった。

①公社の旅客宿泊斡旋に協力する業務

②公社との共同または単独による宿泊旅客誘致宣伝業務並びに宿泊機関を通じての旅行文化に資する業務
③旅館経営及び旅客接遇に関する調査研究業務
④旅館従業員の資質向上及び福祉に関する業務
⑤旅館を対象とする賠償責任保険並びに宿泊保険等に関する業務

などであった。

連盟発足当時、全国135地区に及ぶ支部組織と6地区の支部連合会が結成されたという。かつてのビューロー時代に培われた信用が、現実の送客実績の魅力とあいまって、全国規模にわたって多くの旅館を結集、きわめて大規模な組織が形成されたのである（前掲『公社七十年史』、日本交通公社編『現代観光用語事典』1984）。

協定旅館制度の特質

協定旅館制度は、公社にとって旅行の企画商品化も含めた「旅館券」の増売につながり、一方の旅館にとっては、客数増加のほか、信用度の向上が期待できるという互恵関係が成り立つ。他方、旅行者にとっては、事前の評価と安心感が得られるというように、当事者間相互にとってメリットが認められるものであった。

かくて、公社が先鞭を切った協定旅館制度は、日本旅行会、近畿日本ツーリスト、東急観光、全日本観光（以上いずれも当時の社名）などの旅行業者が相次いで採用するようになり、一つの旅館が複数の旅行業者の協定旅館になる例がみられるようになるのであった。

しかしながら、協定旅館は、連盟会員の一員として、公社の業務

第 8 章　日本観光旅館連盟と日本交通公社協定旅館連盟

方針に協力することを優先されている限り、公社の〈売手優位〉を承認したことになるのであろう。

「旅館券」に公社の手数料が課せられるのは当然としても、大方の旅館は、自力で集客のためのマーケティングや営業力を持っていない弱みがあるだけに、手数料率とその範囲の妥当性、あるいは旅館が提供する商品の質量の指定などにおいて、両者間の力関係は歴然化するに至った。

ちなみに、「公旅連」の旅館券手数料は昭和 31 (1956) 年 6% であったが、その後は 8%、10% と改定され、昭和 46 (1971) 年には一挙に 13% へ引上げられたという（玉村和彦前掲書）。

このように、協定旅館制度上の互恵平等は、"微妙な関係"であることが明らかになるのである。加えて、公社のオン・ライン（旅行業者がコンピューターを導入し、自己の協定旅館とオン・ライン化した最初は、昭和 42〈1967〉年の近畿日本ツーリストであった。玉村和彦前掲書）のもとで、送客受け入れを確実に実現できうるように、一定数の客室を準備しておく必要があるなど、旅館側にとって計算しづらい側面もまた現実であった。こうしたリスクがあるもとにおいても、客室数規模が大きい旅館ほど、旅行業者からの送客依存率が高くなる関係が生じるのである（国観連会員で、100 室以上の大旅館の旅行業者からの送客依存率は、昭和 50 年度 71.1%、60 年度 66.1%、平成 7 年度 70.6%、14 年度 66.8%。国観連の資料による）。

一方、パソコンの普及に伴い、利用客はインターネットの旅行予約サイトによって旅館と直接宿泊予約が可能となり、旅館にとって少数であるとしても、公社の仲介なしで利用客確保のルートが実現するというメリットが生まれたのである。インターネットの問題は、今後

拡大化の可能性があり、公社と協定旅館の双方にとっても利害得失に関係するだけに、これもまた、"微妙な問題"を内包するものといえよう。

第9章
戦後復興期から平成期への変遷過程
―― 量的成長の限界と質的成長への方向 ――

1. 宿泊サービス供給市場の構造と変化の動向

「宿泊業」の形成と宿泊サービス供給市場の構造

　昭和戦前期の宿泊営業において、ほぼ供給独占の位置にあった旅館は、昭和戦後の復興期から平成の現代に至る半世紀の変遷の過程で、社会構造の変化や需要の多様化に対応して、ホテルや簡易宿所（一般の通称である民宿、ペンションのほか、山小屋、カプセルホテルが含まれる）が興隆してきたことにより、相対的地位の低下をみるに至った。

　だがその結果、旅館を中核体とした「宿泊業」に分類される産業へと発展してきたのである（総務省「日本標準産業分類」中分類72—宿泊業。ちなみに、この分類には、宿泊または宿泊と食事を提供する事業所—小分類721旅館・ホテル、722簡易宿所、723下宿業、729その他の宿泊業が分類される。平成14年3月改訂。本稿では、宿泊サービスの需要は旅行者に限定されるという立場から、下宿業は除外した）。

　「宿泊業」は、旅行者の需要に対して、宿泊と食事等のサービスを供給する営利事業である。

　他方、「その他の宿泊業」に分類されるのは、公営宿泊・保養施設（地方公共団体運営の「国民宿舎」、日本郵政の「かんぽの宿」、地方職員共済組合の「旅の宿」、日本私立学校振興・共済事業団直営の宿泊施設など。厚生労働省は、行政改革の一環として、年金福祉事業団が運営していた「グリーンピア」など健康保険や年金の保険料で建設された全国300以上の福祉施設については、年金会館等売却担当独立行政法人「年金・健康保険福

第9章　戦後復興期から平成期への変遷過程

祉施設整理機構」によって売却する方針を決定している。朝日新聞平成20年9月9日付）および会員共有制のリゾートクラブであるが、これらは非営利事業とされている。

「宿泊業」の3営業態の施設を中心としたサービスのあり方は、『旅館業法』の規定により、旅館営業では「和式の構造・設備」によるのに対し、ホテル営業では「洋式の構造・設備」であること、また簡易宿所営業では「宿泊する場所を多数人で共有する構造・設備」とされている。

このように、施設の構造・設備がそれぞれ異なる3営業態で、宿泊サービス供給市場が形成されており、需要者は旅行目的に応じて、自由に宿泊サービスを選択できるようになっている。

「宿泊業」施設数の長期趨勢

全国の宿泊業施設数は、昭和戦後の復興期から現代までの55年間に、表14にみられるような推移を辿っている。この間の著しい特徴は、113,795を記録した昭和55（1980）年までが拡大成長期であったことで、この時点を境に、成長率鈍化乃至は減退へと転じていることであろう。結果として、宿泊サービス供給市場全体の規模は縮小する方向にある。しかしながら、この現象は、旅館と簡易宿所の営業態で起っているのに対して、ホテル営業は鈍化しつつあるものの、いまもなお施設数の増加＝成長を続けていることに注目しなければならない。

このような全国宿泊業施設数の長期趨勢のなかで、営業態相互の関係にどのような変化が生じているかを検証するために、営業態別施設数占有率の推移をみたのが表15である。

117

表14　全国宿泊業施設数の営業態別推移と対前年増減率

	施設数合計		旅　館		ホテル		簡易宿所	
	合計	増減率	施設数	増減率	施設数	増減率	施設数	増減率
昭和25（1950）	39,074	—	39,019	—	55	—	—	—
30（1955）	54,399	39.2	54,285	39.1	114	107.3	—	—
35（1960）	68,947	26.7	62,194	14.6	147	28.9	6,606	—
40（1965）	79,312	15.0	67,485	8.5	258	75.5	11,569	75.1
45（1970）	97,490	22.9	77,439	14.7	454	76.0	19,597	69.4
50（1975）	109,338	12.2	82,456	6.5	1,149	153.1	25,733	31.3
55（1980）	113,795	4.1	83,226	0.9	2,039	77.5	28,530	10.9
60（1985）	112,745	-0.1	80,996	-2.7	3,332	63.4	28,417	-0.4
平成2（1990）	108,144	-4.1	75,952	-6.3	5,374	61.3	26,818	-5.7
7（1995）	104,602	-3.3	71,556	-5.8	7,174	33.5	25,872	-3.6
12（2000）	97,405	-6.9	64,831	-9.4	8,220	14.6	24,354	-5.9
17（2005）	86,953	-10.8	55,567	-14.3	8,990	10.3	22,396	-8.1

資料）厚生省『衛生年報』『衛生行政業務報告』、厚生労働省『保健、衛生行政業務報告』
備考）調査時点は平成8年までは12月末現在、平成9年から3月末現在の年度に変更された

　昭和戦前期における旅館の市場独占の状況は、戦後においても、昭和30年代までは殆んど変化はみられなかった。しかし、昭和40年代になると、簡易宿所の市場への新規参入が一挙に進んだことと、ホテルの著しい興隆によって、旅館の独占的地位が崩れてしまったことから、宿泊サービス供給市場の構造は、急速に様相を異にするようになる。

第 9 章　戦後復興期から平成期への変遷過程

表 15　営業態別施設数占有率の推移（施設数合計 = 100）

	旅　館	ホテル	簡易宿所
昭和 25（1950）	99.9	0.1	—
30（1955）	99.8	0.2	—
35（1960）	90.2	0.2	9.6
40（1965）	85.1	0.3	14.6
45（1970）	79.4	0.5	20.1
50（1975）	75.4	1.1	23.5
55（1980）	73.1	1.8	25.1
60（1985）	71.1	3.0	25.2
平成 2（1990）	70.2	5.0	24.8
7（1995）	68.4	6.9	24.7
12（2000）	66.6	8.4	25.0
17（2005）	63.9	10.3	25.8

資料）前表と同じ

　この頃以降の旅館は、施設の絶対数のうえでは依然優位性を保持していたものの、施設数減少の加速化から、市場占有率は 60% 台にまで低下し、なおも低下の傾向にある。代わって、簡易宿所は 25% 台、ホテルは 10% 台というように、市場占有率を高めつつある。

2. 環境変化の諸要因と旅館経営への影響

昭和20年代の状況

　昭和戦前期における全国旅館（旅人宿）施設数は、戦争期間中の統計記録は明らかでなく、昭和13（1938）年の46,729軒の記録が最後であった（前掲『大日本帝国統計年鑑』）。

　戦後期に入って最初となる記録は、昭和24（1949）年の35,652、続く昭和25（1950）年の39,019である（厚生省『衛生年報』）。この記録からみると、戦中から敗戦直後までに、全国旅館の減少数はおよそ1万1千軒、比率にして約24％である。その大半は、都心部で空襲によって焼失した戦争被害者であったと推察される。
「駅前旅館」が壊滅的被害を受けた名古屋、大阪をはじめ、殆んどの地方中核都市でもほぼ同様の空襲被害を受けている。昭和25（1950）年になってもなお戦前の水準にまで回復していないのは、戦争被害のひどさを示すものであり、戦後の社会的・経済的混乱状態の下で、建設諸資材の極端な不足と、政府の配給統制による調達難に加えて、激しいインフレが禍して、資金的にも容易なことではなかったからである。

　例えば、旅館に対する銀行の貸出優先順位は、最も低い丙種に位置づけされており、到底借り入れができるような状況ではなかったという（昭和22年「金融機関資金融通準則」。白木信平「シナ忠それからの50年」、愛知県ホテル・旅館生活衛生同業組合『組合創立50年史』）。

第 9 章　戦後復興期から平成期への変遷過程

　更に、被戦災旅館が復興を志したとしても、当該市の戦災復興都市計画（後年には都市再開発事業）によって、道路拡幅や区画整理の対象地に指定された場合には、従前通りの敷地面積のままの再建は、不可能になるなどの問題にも直面していたのである。

高度経済成長時代へ

　昭和 30（1955）年の旅館施設数は、5 年前に比べて実数で 15,266、比率にして 39% という大幅な増加となり、戦前の最高であったとみられる昭和 7（1932）年の 50,186 を大きく上回る 54,285 となったのみならず、この増加の幅は、最近年に至る 50 年のあいだの各 5 年間隔比較のなかでは最大であった（表 14）。この 5 年間は、朝鮮戦争の勃発によってもたらされた〈特需景気〉が、わが国経済の復興再建に大きく貢献することになり、その後の高度経済成長へと続く基礎固めの時期であったのである。全国旅館施設の増加は、このような経済情勢を反映したものであろう。

　他方、国鉄の戦災復旧整備が全国的に進捗し、経済活動に携わる関係者をはじめ、長距離旅行の自由（国鉄は、戦中と戦後のしばらくの間、輸送力不足を理由に、都市内と近郊の電車区間を除いて、汽車区間の長距離旅行については乗車券の発売枚数を制限、統制していた）を取り戻した人々の間の移動・往来が容易となり、在来線の特急・急行の増発（昭和 25 年「つばめ」と「はと」が戦前の 8 時間運行復活）に加えて、東海道新幹線の開通（昭和 39〈1964〉年）がこれを一層促進することになる。

　昭和 26（1951）年、日本航空（株）は東京〜大阪〜福岡、東京〜札幌線を開設、民間航空国内線が復活した。

また地方民営鉄道と公営・民営バス路線網の整備進捗、名神（昭和40年）・東名（昭和44年）等を始めとする高速道路の開通と地方幹線道路網の拡充、電話通信の改善等々が加わったことから、全国各地間の時間距離は一挙に縮小するに至った。
　旅館にとってこうした結果は、商圏の拡大を意味することから、宿泊需要を喚起する絶好のチャンスでもあり、全国の各地で、旅館が乱立の危険をはらみつつ増設される条件になるのであった。
　国は、国際観光の振興を助長するために、旅館の施設改善資金にも政府系金融機関を通じて融資を開始（昭和36年度）したことは、旅館業の歴史上画期的なことであり、適格旅館にとっては、資金繰りの改善と施設・設備等のレベルアップの促進剤になったとみられる。
　一方、昭和戦前期には、ビューローがほぼ独占していた旅行斡旋の分野へ、戦後は私鉄系などから新規参入が相次ぎ、昭和40（1965）年には2,575社（総理府『観光白書』）にまで増加した。パック旅行（パッケージ・ツアー）の企画開発にみられるように、旅行需要の創造に大きく寄与するなど、産業分野としての旅行業が確立されるまでに成長発展してきたことは、旅館の発展にとっても重要な意味を持つものであった。
　ところで、旅館施設数の次の昭和30（1955）年対昭和35（1960）年の増加率は、前の5年間に比べて半減状態になったのに止まらず、更に次の昭和35（1960）年対昭和40（1965）年の増加率は一桁に低下したというように、高度経済成長期以降の景気循環と、海外旅行の自由化（昭和39〈1964〉年）によって、旅行需要が分散・多様化してくるようになるなど、不安定要因の増加により、量的成長にブレーキがかかるようになる。

第 9 章　戦後復興期から平成期への変遷過程

　なかでも、都市部においては、都市再開発に伴う建物の高度化問題への対応や、市街地価上昇と営業収益性、労働力不足・求人難、後継者不在、ホテルの進出等々から、企業経営の継続には、慎重な見極めが必要とされるようになるのである。

女子雇用労働者不足の衝撃

　昭和 30 年代後半以降、政府の「所得倍増計画」によって高度経済成長が推進されることになる。この過程で生じた現象の一端は、農林漁業等第一次産業就業人口比率の縮小など就業構造の変化と、産業全体の雇用量が画期的に拡大したことであろう（農林漁業の就業者数は、昭和 30 年と 50 年の比較では 993 万人の減少に対して、産業全体の雇用者総数は 1,868 万人増加した。経済企画庁『経済要覧』）。

　なかでも、新規学卒者を主とした若年労働者に対する産業間、企業間の争奪的雇用集中によって発生した賃金水準の上昇などの現象から、労働市場の「二重構造」が解消したかのようであった。しかしながら、「二重構造」は、その後の景気循環と経済構造変化の過程で、「明瞭な現象として表面化したり、底流に潜在化したりしていた」に過ぎなかったのである（高田亮爾『現代中小企業の構造分析』新評論、1989）。

　確かに、後年の〈市場原理主義〉の政策的誘導による労働市場の規制緩和は、パートタイマー、日雇い派遣労働など非正規雇用のほか、低賃金を前提とした外国人労働者の受入れを正当化させ、「新たな二重構造」と深刻な格差社会を出現させることになるのである。

　ところで、新規学卒者をはじめ全般的労働力供給不足の現実は、

労働集約的経営が特徴である旅館にとっては、経営基盤をゆるがす問題になるのであった。

例えば、大阪で調査された「女子接客・接待給仕人の求職求人状況」(大阪府労働部『労働市場概要』昭和 38 年度 11 月) によると、求人倍率 6 倍に対して充足率は僅か 7% であり、求職者の絶対数の不足が顕著であった。

大阪府の旅館業実態調査では、「従業者が足りない」と回答した施設の 78% が若い年齢の「客室係不足」をあげ、「人手不足・求人難」が経営上の問題点とする回答が、過半数の 54% にもなっていたのである (木村吾郎『大阪地区における中小サービス業の実態—その 4 旅館業』大阪府立商工経済研究所、昭和 40 年、調査回答施設 159)。

かくて、旅館従業者の賃金水準＝現金給与額は、昭和 32 (1957) 年と昭和 35 (1960) 年および昭和 38 (1963) 年の間で男子 2.18 倍 (12,300 円→ 14,000 円→ 26,800 円)、女子 2.67 倍 (5,200 円→ 6,800 円→ 13,900 円) とまさに瞠目的に上昇したのも、当時の労働市場における極めてタイトな需給関係を反映するものであった (総理府統計局『事業所統計調査』、一人一カ月)。

大阪府調査でみられた旅館業の労働力構成の特徴は、従業者の 82% が雇用者、雇用者の 72% が女子、女子の 62% は客室係であった。また、雇用者のほぼ半数近い 47% は 20 歳〜 30 歳台であった。

こうして、「人手不足・求人難」の核心を大阪府調査に限っていえば、旅館が希望する 20 歳〜 30 歳台で客室係の女子雇用者にあることが明らかになったのである (雇用者数 1,259 人、同上大阪府旅館業調査)。

第9章　戦後復興期から平成期への変遷過程

経営合理化・省力化の必然性

　経営合理化への関心が高まり、それへの対応が全国的機運となる経緯の大要は、およそ次のようであったといえよう。

　総体的には需要量増大の一方で、構造的女子雇用労働者不足に伴う急激な賃金上昇が発生し、伝統的に客室係の女子労働を中軸として運営されていた旅館にとっては、深刻な経営問題になったことが大方のきっかけであろう。それぞれの経営規模に適う省力化対策をはじめ、運営各部門の合理化対策の成否は、経営業績を賭けた課題であった。同時に、同業者間の競争に勝ち残れる体制の構築にとっても、意思決定が急がれたと思われる。

　経営合理化・省力化の共通例とみられるのは、この頃、新しいサービス産業として発展しつつあったリネンサプライ（シーツ、寝具、ユニホームなど）やビルメンテナンス（ルーム・ベッドメイク、清掃など）の社会的分業の利用であろう。これらの利用によって、従来のすべて自己完結型であった運営システムを転換できることになるほか、食堂を設置して客室配膳（ルームサービス）を廃止したところでは、合わせて大幅な省力化・合理化が実現し、パート労働への切替えも可能になることであった。

　他方、後年には、厨房から各階の配膳室まで自動的に運ぶ「料理搬送システム」の導入によって、**30**人分の労力を**7**人分に軽減させるとともに、女子客室係が料理を持ち運ぶ重労働からの解放を同時に実現させたという、温泉観光地の大規模旅館での画期的な合理化の実例を生み出すことになるのである（細井　勝『加賀屋の流儀』PHP研究所、**2006**）。

かつて、帳場と呼ばれたフロント業務においても、会計と通信機器類を近代設備に切り替え、のちにコンピューター・システムが導入されるなどの一連の事務合理化の遂行は、従来のままの構造・設備の体制のもとでも可能な範囲であった。しかし、より高度な合理化を目指すためには、伝統的木造建築様式の施設では、機能的限界が明らかであった。

施設の洋式大型化と「ホテル型旅館」の出現

　こうして、旅館の全国共通のスタンダードであった木造建築様式の構造から、鉄筋コンクリートの洋式建築への転換が始まるようになり、設備の可及的洋式化、例えば、玄関ロビーの開放、パブリック・スペース化、客室構造の洋室化とベッドおよびユニットバス・トイレットセットの導入によって、効果向上の可能性が高まることになる。施設の外形は、必然的にホテルに相似することになり、一連の合理化・省力化の実現は、ホテルと同様の運営システムへの接近を意味することになるのであった。

　もっとも、わが国独自の文化である畳の和室を〈商品〉にしていた旅館にとって全面的な洋室化は、自己否定となるだけに、宴会用の畳の広間が残される一方で、客室については、「和洋折衷型（ツインベッドの洋室に、畳のコーナーも設置されている）」の創造へと発展させた例などと、もう一つの伝統的〈商品〉とされる女子客室係による人的サービスのあり方とともに、旅館経営である限りにおいては、合理化にも程度があり、そのバランスが重要課題であったであろう。

　その後、施設のビル化・大型化が過剰投資の危険を内在しつつ、

全国的傾向になるのであるが、その理由は、全国の市街地価格の暴騰（全国商業地価格指数昭和11年＝1.0、昭和40年2,608、昭和45年4,892、昭和50年8,608、国勢社『数字でみる日本の100年』改訂第3版による）が続いたことにあろう。効率的土地利用が可能な旅館では、駐車場の確保と大型立体ビル化は施設の近代化と経営合理化の一環としても必然であった。それが全国的気運になるもう一つの理由は、スーパーマーケットを事例に、大衆消費財市場における大量生産・大量販売の現実と、その理論とされた「流通革命論」（例えば、林　周二『流通革命』中公新書、昭和38年）の思想的影響および製造工業部門の生産性向上運動が考えられる。

　このような一連の歴史的必然性のもとで、進化形態としての「ホテル化した旅館＝ホテル型旅館」が出現するに至ったのである。

　結果は、合理化効果とともに、収容客数の増加が〈規模の利益〉となって実現することになる。全国各地のリゾートや温泉観光地の旅館のなかには、大量販売の旅館版といえる社員慰安旅行、企業の顧客接待旅行などの団体観光旅行客をはじめ、旅行業者主催のパック旅行団体、修学旅行団体、大型イベントの参加関係者・出場者等への誘致が可能になるのであった。

リゾート開発ブームとバブル崩壊の影響

『観光基本法』（昭和38年）の成立が象徴するように、昭和30年代後半頃から観光旅行が盛況になり、全国各地の温泉地や著名なリゾートでは、政府系金融機関から「旅館枠」の融資が一助となったのであろう、旅館の新設、大型化が促進された。

更に、『総合保養地域整備法』（別称「リゾート法」、昭和62年）は、地方各県が挙ってリゾート開発構想を立上げ、ブームを引き起させたこともまた事実であった。しかしながら、こうした動向の裏側では、状況に対応しえない施設の整理・淘汰の調整も進行していたのである。ともあれ、マクロとミクロの問題に対処を迫られながらも、昭和55（1980）年の施設数83,226はそれまでの最高となる記録であって、旅館の量的成長の到達点であったと同時に、調整と縮小期への分岐点ともなったのである。

　これには、各地で頻発した死傷者を伴う火災事故に対して、一定規模以上の旅館施設には、新たにスプリンクラー、消火栓設備設置の防災義務が強化され（昭和49年『消防法』一部改正）、下水道未整備地区では、汚水処理設備の設置（昭和49年『水質汚濁防止法施行令』改正）を必要とするようになるなど、巨額となる追加投資の負担が、重圧となってきたことを挙げねばならない。

　ところで、平成12（2000）年前後は、〈バブル経済〉が崩壊して"失われた10年"といわれるような苦難の時代であった。旅館業界においても例外ではなく、なかでも、日光・鬼怒川温泉、苗場のスキー場などのリゾートで、バブル時代の設備投資に対する過重な債務負担と需要量の減退を理由に、経営が破綻し、毎年100件を超える倒産が発生していたのである（ホテルを含む。国土交通省『平成18年版観光白書』、朝日新聞平成18年8月17日付など）。

　かくて、"失われた10年"における全国旅館施設数減少の要因は、銀行、生命・損害保険など巨大企業の金融機関でさえ巨額の救済融資を政府に依存し、やがて20もあった大手銀行は、3メガバンクなど6グループに集約せざるを得なくさせたほどに、バブル崩壊に伴って

発生した最大の歴史的金融危機と、無関係ではなかったのである。

3. 全国地方別・都道府県別旅館施設数の動向

施設数の縮小・調整が全国的に拡大

　環境変化の影響は、全国の地方および都道府県にどのように及んでいたのであろうか。昭和35（1960）年以降の全国地方別旅館施設数の動向からみると、表16-1のように、昭和60（1985）年頃までは、地方によって増減のバラツキがあるものの、平成2（1990）年から、甲信越以外の地方では一斉に減少に転じるようになり、減少率においても、近年になるほど加速的に大きくなりつつあることが表れている。

　施設数が、過去の最大を記録した昭和55（1980）年を基準（＝100）に指数としてみると、表16-2のとおり、平成17（2005）年には70台と比較的減少の小さい甲信越、北陸、東北、中部に対し、60〜66とやや大きくなる北海道、関東、中国、九州、沖縄、近畿のほか、四国では50を割るほどの著しい減少が目立つ。

　ちなみに、昭和55（1980）年対平成17（2005）年の都道府県別にみた施設数増減状況では、表16-3のとおり、山梨県だけが7.5%の増加で唯一の例外（平成18〈2006〉年から前年比50施設、3.3%の減少に転じた）を除くと、他の46都道府県はすべて減少している。

　このうち、栃木県の減少数8、減少率0.5%が最も小さいのに対し、逆に減少数1000以上にもなった8県のなかで、最大は北海道の

表 16　全国地方別旅館施設数の動向
表 16-1　実数

	昭和35 (1960)	45 (1970)	55 (1980)	平成2 (1990)	12 (2000)	17 (2005)
全　国	62,194	77,439	83,226	75,952	64,831	55,567
北海道	3,374	4,403	4,658	4,155	3,571	3,109
東　北	5,397	7,444	8,454	8,087	7,249	6,139
関　東	10,154	14,292	14,322	12,632	10,548	9,301
甲信越	4,036	5,906	9,335	9,632	8,510	7,298
北　陸	2,190	2,705	3,374	3,363	2,957	2,596
中　部	7,819	10,392	12,260	11,878	10,205	8,740
近　畿	9,281	10,029	9,091	7,963	6,658	5,480
中　国	5,981	6,469	6,012	5,120	4,230	3,682
四　国	3,388	4,344	4,313	3,516	2,729	2,130
九州・沖縄	10,574	11,455	11,407	9,606	8,174	7,092

資料）表 14 と同じ資料より算出

表 16-2　指数（昭和 55 年 = 100）

	昭和35	40	45	50	55	60	平成2	7	12	17
全　国	74.7	81.8	93.0	99.0	100	97.3	91.2	85.9	77.8	66.7
北海道	72.4	79.9	94.5	100.4	100	97.9	89.2	83.9	76.6	66.7
東　北	63.8	73.0	88.0	95.1	100	99.1	95.6	92.3	85.7	72.6
関　東	70.8	79.7	99.7	101.4	100	95.7	88.1	83.1	73.6	64.9
甲信越	43.2	50.7	63.2	90.4	100	102.6	103.1	99.6	91.1	78.1
北　陸	64.9	70.9	80.1	95.2	100	102.1	99.6	95.7	87.6	76.9
中　部	63.7	72.2	84.7	95.3	100	100.8	96.8	90.8	83.2	71.2
近　畿	102.0	105.0	110.3	102.2	100	96.8	87.5	81.0	73.2	60.2
中　国	99.4	101.4	107.6	104.8	100	92.1	85.1	78.2	70.3	62.1
四　国	78.5	85.3	100.7	100.1	100	91.8	81.5	76.2	63.2	49.3
九州・沖縄	92.6	95.0	100.4	104.5	100	93.1	84.2	84.7	71.6	62.1

第 9 章　戦後復興期から平成期への変遷過程

表 16-3　昭和 55 年対平成 17 年の都道府県別旅館施設数増減数・増減率

全国計	減少数 27,659、減少率 33.3%	
増加数	山梨　110 施設　7.5%	
減少数	1000 施設以上　8 県	北海道 1,549、東京 1,514、兵庫 1,352、新潟 1,343、福岡 1,274、神奈川 1,204、静岡 1,109、愛知 1,106
減少率	30％未満 15 県	栃木 0.5、福井 8.6、岩手 20.3、長野 20.9、和歌山 21.8、山形 21.9、静岡 21.9、熊本 23.9、福島 24.7、三重 25.7、群馬 26.5、沖縄 26.6、茨城 26.9、大分 27.8、秋田 29.3
	30％台 16 県	岐阜 30.9、石川 31.6、鳥取 31.8、滋賀 33.0、奈良 33.0、北海道 33.3、鹿児島 33.3、新潟 33.4、青森 33.6、徳島 34.5、富山 35.2、千葉 36.0、宮城 37.2、山口 37.3、岡山 38.6、長崎 38.6
	40％台 10 県	鳥取 40.4、広島 43.3、愛知 44.0、京都 44.3、大阪 44.3、神奈川 44.4、佐賀 44.6、兵庫 46.4、埼玉 47.0、高知 48.8
	50％以上 5 県	愛媛 60.8、香川 57.9、福岡 57.7、東京 53.4、宮崎 50.7

資料）表 14 と同じ資料より算出

1,549 と東京の 1,514 である。

　減少率の分布をみると、50% 以上にもなる 5 県のうち、愛媛県はマイナス 60.8% で最大であった。減少率の小さい順では、10% までは栃木県の 0.5% と福井県 8.6% の 2 県、10% 台はなく、20% 台は 13 県、30% 台は 16 県、40% 台 10 県、50% 以上 5 県である。

　かくのとおり、旅館施設数の傾向的減少は〈全国現象〉になっており、先の大戦期間を除けば、明治期以降の旅館業の歴史のなかで、かつてなかった縮小・調整の時代に入っていることが確認されるのである。

4. 三大都市東京都・大阪市・名古屋市の動向

社会的環境変化とホテル急増の打撃

　三大都市の旅館施設数は、戦前の昭和 10（1935）年には 3,009 であった。戦後の昭和 35（1960）年になると、戦前対比で 2.36 倍の 7,114 に増大した。全国の場合は、同じく 48,676 から 62,194 へ 1.33 倍の増加であったから、三大都市の復興再建の速さは際立っていたことが分かる。なかでも、東京都の回復率（増加率）は 2.66 倍で最も高く、名古屋市 2.32 倍、大阪市 1.96 倍というように、いずれも全国を大きく上回る回復率であった。

　この結果、三大都市の占有率は、対全国比で戦前の 6.2% から、戦後の昭和 35（1960）年には 11.4% へ、飛躍的な高まりを記録した。

　しかしながら、その一方では、旅館の存立基盤を揺るがす事態が進行していたのである。東京オリンピック（昭和 39〈1964〉年）、大阪万国博（昭和 45〈1970〉年）など国を挙げたイベントの開催を機に、増加が予想される訪日外国人への対応を名分に、ホテルの新規参入が相次ぎ、なかでも東京、大阪の都心部では、大型高級ホテル、中級ないしはビジネスホテルの急増で〈ホテルブーム〉と呼ばれたような社会現象が起っていたのであった。

　更に、東海道新幹線の開通（昭和 39〈1964〉年）によって、東京・大阪間の時間的距離はほぼ半分に短縮されることになり、業務出張旅行者にとっては、それまでの一泊圏が日帰り圏に変化したことによっ

第9章　戦後復興期から平成期への変遷過程

て、三大都市の旅館は時間的便利性の増大に反して、需要喪失の可能性が発生したなど、多大の影響を受けることになるのである。

こうした国家プロジェクトのほか、幹線高速道路網の整備などでは、公共の福祉と公益を建前に、社会的環境に大きく影響を及ぼす可能性のある広範囲の都市再開発、都市改造事業が施工されるので、都心部における従来の旅館の経営環境もまた激変が不可避となり、事業転換、あるいは撤退の選択が必要になったケースも相当数に及んだと推測される。

他方、ホテルの新規参入のスピードと規模の大きさの影響は、業務出張旅行者の宿泊ニーズを変化させる作用を及ぼし、旅館にとっては、従来有していた需要客を吸引される事態が発生し、事業継続が困難になったケース等の累積の結果、三大都市の施設数は表17にみられるように、昭和35（1960）年から平成17（2005）年までの45年間に減少数4,997、減少率にして71%へと激減した。

かくて、全国施設数に対する占有率は、昭和35（1960）年の11.4%をピークに、昭和55（1980）年5.6%、平成17（2005）年3.8%へと低下、後退が続いている。

さきにみた全国の施設数は、55年間の通計で1.4倍（三大都市と同様に、昭和35年対平成17年の45年間で計算すると10.7%の減少となる）であったことから考えると、三大都市では、旅館が存立しうる条件と立地の範囲は、急速に狭まっていることが確認される。

都市別では、施設数の減少が実数で大きいのが東京都、小さいのは名古屋市である。減少率では最大は大阪市である。

大阪府の調査によると、大阪市内中心部北・南の2区では、ビジネスホテルの進出急増に直面して、小規模層の旅館が被った打撃の強

表 17　三大都市の旅館施設数の長期趨勢

	三大都市計	東京都	大阪市	名古屋市
昭和 35（1960）	7,114	3,722	2,199	1,193
40（1965）	6,873	3,752	1,972	1,149
45（1970）	6,490	3,698	1,741	1,051
50（1975）	5,378	3,179	1,322	877
55（1980）	4,669	2,839	1,099	731
60（1985）	3,963	2,417	940	606
平成　2（1990）	3,206	1,966	758	482
7（1995）	2,845	1,726	706	413
12（2000）	2,473	1,469	636	368
17（2005）	2,117	1,325	488	304
昭35～平17通計	-4,997	-2,397	-1,711	-889
増減率　％	-71	-65	-78	-75

資料）表 14 と同じ資料より算出

烈さは、昭和 40 ～ 50 年の間に、施設のほぼ半数が減少してしまったことに表れている（減少数 268、減少率 47%。木村吾郎『昭和 60 年度大阪府旅館業の業界企業診断』大阪府衛生部、昭和 61 年、前掲木村『現代日本のサービス業』）。理由は、ホテルに対して施設の機能性と宿泊料金の両面で、対抗しうる条件を持っていなかったからであろう。

　東京都と名古屋市の調査事例は明らかでないが、ホテルの進出状況から推察すれば、大阪市の場合と相似た縮小・後退の趨勢を辿っていたと思われる。

第9章　戦後復興期から平成期への変遷過程

5．全国旅館客室数の動向と客室数規模の意味

客室数規模拡大化の方向

　客室数の動向は、先にみた施設数とは異なる趨勢を辿っている。端的には表18にみられるように、昭和50（1975）年までの対前年比増加率は、施設数と比べていずれも大きく上回っていた。だが、施設数の動向と同調するかのように、平成2（1990）年を境に、対前年比減少に反転するようになってはいるが、施設数よりは緩やかで減少率は小さい。

　昭和55（1980）年を基準に、昭和25（1950）年以降の施設数と客室数の長期趨勢をグラフ化して示したのが図1である。両者間にみられる乖離の意味は、一施設数当たり客室数規模拡大化の進行を示すものであり、質的成長への方向性と可能性の一端を示しているようにみられるのである。

　このような現象の背景には、既述のような経営内外のさまざまな要因が、旅館市場内部の量的・質的調整圧力となり、撤退する施設が新規参入施設を上回っていることにある。撤退施設の多数は、従業者数と客室数規模の小さいクラスに集中しており、平成元（1989）年と平成11（1999）年の10年間に限ってみても、従業者1～4人と5～9人規模の事業所（施設）が29%、13%と激減していることからも明らかであろう（総務省『サービス業基本調査報告』全国編）。結果として、一施設当たり平均客室数は増加となるのであり、表19はこ

表 18　全国旅館客室数の推移

	客室数	対前年増減率
昭和 35（1960）	508,817	—
40（1965）	608,349	19.5
45（1970）	763,091	25.4
50（1975）	902,882	18.3
55（1980）	964,063	6.7
60（1985）	1,022,005	6.0
平成 2（1990）	1,014,765	-0.8
7（1995）	1,002,652	-1.2
12（2000）	949,956	-5.3
17（2005）	850,071	-10.6

資料）表 14 と同じ
備考）原票に客室数が記載されるようになるのは、昭和 35 年からである。

図 1　全国旅館施設数・客室数の長期趨勢（昭和 55 年 = 100）

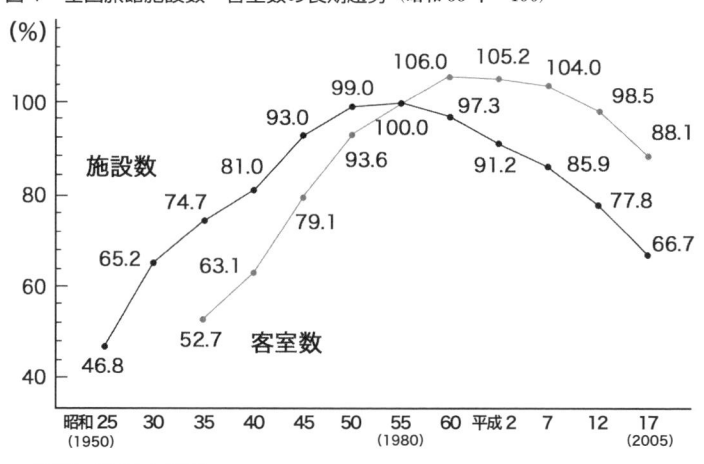

資料）表 14 と同じ

第9章　戦後復興期から平成期への変遷過程

れを裏付けている。

　全国旅館施設の平均客室数は、近年の45年間に1.9倍に増加した。このうち、登録旅館の増加は2.3倍であるが、東京都と大阪市はほぼ3倍、なかでも名古屋市は5.4倍と突出した増加になっている。このように、三大都市では、より客室数規模が大きいクラスへの集約化が進んでいるといえよう。

　かくて、一施設当たり平均客室数増加の意味は、一般論としては経営規模のレベルアップであり、ホテル型へ移行した例など、より高い質的発展段階への移行を示唆している。

表19　一施設当たり平均客室数の推移

	全国旅館平均	登録旅館	東京都	大阪市	名古屋市
昭和35（1960）	8.2	25.1	8.9	7.9	7.9
40（1965）	9.0	37.2	10.7	8.9	9.5
45（1970）	9.9	42.8	11.3	9.9	10.7
50（1975）	10.9	46.9	12.4	11.7	13.3
55（1980）	11.6	51.1	13.3	13.0	17.7
60（1985）	12.6	55.5	14.6	16.7	22.1
平成2（1990）	13.4	58.3	17.7	18.3	24.2
7（1995）	14.0	57.7	19.5	18.7	30.0
12（2000）	14.7	58.2	21.6	20.7	36.8
17（2005）	15.3	58.7	24.7	22.1	42.3
05/60　増加倍率	1.9	2.3	2.8	2.8	5.4

資料）表14資料および『観光白書』から算出

客室数規模の多面的意味

　客室数が100室以上という規模拡大化の事例は、後述のように、全国の特定温泉地の旅館で現実になっている。こうした事例は、温泉目当ての観光旅行の大量化と、利用頻度の高まりに対応する競争的大型化のようにみえるのである。

　他方、全国各地には、客室数では小規模ながら、伝統的木造建築で歴史的風格を備えた〈クラシック旅館〉が、大型化と集客競争とは無縁であるかのように存在している。

　広壮な庭園と伝統的建築で著名な、かつての華族階級や財閥の別荘、別宅が、高級旅館として転用されている例もある（日本交通公社調査部編『観光読本』東洋経済新報社、1994）。

　茶懐石料理の茶道の伝統文化を伝える形で発達してきたといわれる柊家、俵屋、炭屋など京都の旅館のなかで、柊家は文政元年（1818）の創業から受け継がれて、現在まで190年に至るという（同上資料、『文藝春秋』2007・8月号）。

　もっとも、歴史の古さでいえば、石川県・粟津温泉法師を第一に挙げねばならない。養老2（718）年に開湯され、以来46代続く世界最古の宿という（松田忠徳『温泉旅館格付ガイド』新潮社、2009）。

　全国各地には、法師ほど古くはないにしても、歴史的建造物として「登録有形文化財」に指定されている旅館が意外に多い。

宮城県・鳴子温泉ゆさや旅館 (14室)　　福島市・竹屋旅館 (20室)
東京都文京区・鳳明館本館 (56室)　　　神奈川県・箱根塔ノ澤温泉環翠楼 (23室)

第 9 章　戦後復興期から平成期への変遷過程

群馬県・法師温泉長寿館 (32 室)　　　同上　福住楼 (18 室)
同上　四万温泉積善館 (16 室)　　　　長野県・湯田中温泉よろづや (38 室)
静岡県・湯ヶ島温泉眠雲閣落合楼 (34 室)　鳥取県・三朝温泉旅館大橋本館 (27 室)
同上　修善寺温泉新井旅館 (25 室)　　奈良市・菊水楼本館 (16 室)

　等々、これらはほんの一例にすぎないが、このような歴史のある〈クラシック旅館〉では、庭園と一体の外形規模や付設の温泉等に比べて、客室用に供される部屋数は、概して少ないようである（文化庁文化財部編著『総覧登録有形文化財建造物』海路書院、2005。客室数は JTB『時刻表』2009 年 5 月号による）。

　かくて、個々の旅館には、客室数といった計量的視点だけでは計れない、多面的な意味が存在することにも留意される必要があろう。

6. 全国の温泉地と温泉旅館

昭和戦後に急増した温泉地

　全国各地の温泉旅館については、これまで全国的統一調査が実施されていなかった関係で、施設数など詳細は不明であった。ところが、環境省自然環境局の温泉地調査から、おおまかながら、一応の手掛かりが得られるようになっている。

　この調査によると、全国に〈宿泊施設のある温泉地〉は、平成 18 (2006) 年時点で、北海道の 247 から沖縄県の 4 まで、全国すべての

都道府県に存在しており、総数にして 3,157、宿泊施設数 15,024（旅館以外の民宿などが含まれていると推定される。日本観光協会編『数字で見る観光― 2008 〜 2009 年度版』創成社、2008) と記録されている。

　この温泉地の宿泊施設をすべて「温泉旅館」と仮定すると、全国の旅館施設数対比で 3 割近い割合になる。これは、全国主要 52 都市 (指定都市 14、中核都市 37、東京都) の合計が同じく 2 割弱であることと比べて、温泉旅館の量的位置の高さが注目点である。

　昭和戦前の調査によると、全国の温泉地は 868 カ所であった（内務省衛生局『昭和 9 年全国鉱泉調査』、石川理夫『温泉法則』集英社新書、2003 より引用）。したがって、現在の全国の温泉地は、戦前比で一挙に 3.6 倍にも増加していることになり、これによって新設された温泉旅館もまた急速に増加したと推察される。

温泉観光旅館へ発展

　この背景には、昭和戦後の高度経済成長期を経て、「かつての長期滞在型の湯治場であった温泉地は、観光ルート上の宿泊拠点となって、一泊二日型の観光客に変わった」（山村順次前掲書）と指摘されるほど全国的に温泉地の性格と温泉利用目的は、大きく変質してしまったことにあろう。

　かくて、温泉観光旅行ブームを背景に、全国各地で新たな源泉の掘削が、期待を込めて、精力的に進められていた状況が知られるのであるが、なかでも、竹下内閣の「ふるさと創生資金」（昭和 63 〜平成元年）を活用した 215 の町村が、温泉を掘り当てたという例が何よりも象徴的であろう（日本交通公社編『観光読本第 2 版』東洋経済新報社、

第 9 章　戦後復興期から平成期への変遷過程

2007)。

次に、県内に温泉地が 90 以上ある上位 11 道県の状況を表 20 でみてみると、合計 1,541 の温泉地に「温泉旅館」が 8,270 施設あり、全国対比で温泉地の約 5 割、「温泉旅館」の過半数は施設数上位の 11 道県に集中している状況にある。

この 11 道県の状況は、豊富な温泉資源に恵まれ、かつての「湯治宿」であった段階から、観光需要への移行とともに、地域ぐるみで温泉観光旅館へと発展していった様子を示唆しているようである。

表 20　全国の宿泊施設のある温泉地数上位 11 道県の状況

	温泉地数	宿泊施設数
全国（A）	3,157	15,024
北 海 道	247	750
長　　野	232	1,360
新　　潟	150	666
青　　森	144	335
福　　島	134	658
秋　　田	131	296
静　　岡	120	2,425
群　　馬	99	662
鹿 児 島	99	452
山　　形	94	417
岩　　手	91	249
小計（B）	1,541	8,270
B／A	48.8％	55.0％

資料）環境省自然環境局調査。調査時点は平成 18 年度。日本観光協会編『数字でみる観光』2008 〜 2009 年度版による

大型化した温泉旅館

　全国の特定温泉地には、群馬県・草津、秋田県・後生掛、同玉川、青森県・酸ヶ湯、山形県・肘折、長野県・鹿教湯などのように、「湯治」の文化と伝統を継承する温泉旅館が、いまもなお健在である一方で、客室数が100室以上といった大都市でもみられない外形がホテルスタイルの大型旅館がいくつも存在しており、なかでも、地域が温泉観光都市化していることで有名な静岡県・熱海では、旅館総数45施設のうち最大300室クラスを含めて5施設、同じく大分県・別府でも55施設のうち8施設がみられるのである。

　北海道では、道内周遊観光ルートの重要な中継点となる函館・湯の川、札幌・定山渓、登別、洞爺湖、層雲峡など17の温泉地には、団体観光客や修学旅行などへの対策からであろう、100室台39、200室台19、300室台6施設のみならず、更に400室以上が3施設という超大型温泉旅館が存在している（以上はJTB『時刻表』2009・5月号に掲載された日観連会員旅館とJTB協定旅館の事例による）。

　こうした客室数規模と経営形態が多様な全国の温泉旅館では、近年の宿泊利用者数が年間延べ1億3,500万人〜1億3,700万人、入湯税収入済額241億円〜250億円と記録されており、地域経済の支柱として期待が大きい温泉旅館の現況を示す重要な指標になっている（平成14〜18年度。総務省自治税務局調査。前掲日本観光協会資料）。

第10章
ホテルの成長発展と旅館への影響

1. ホテルの全国展開と旅館の対応

ホテル進出で生じた旅館との葛藤

　近年の宿泊サービス供給市場は、かつて、絶対的優位の位置関係にあった旅館が縮小、調整期に入っているのに対して、代わってホテルの進出が著しい構造に変化しつつある。しかしながら、すべての都道府県にホテルが存在するようになったのは昭和50（1975）年頃からであって、その10年前の昭和40（1965）年時点では、ホテルが全く存在していなかった県が9県もあったのである（本稿でいうホテルは、『旅館業法』にもとづいて、都道府県知事から「ホテル営業を許可された施設」である。都道府県の統計書のほか、厚生省『衛生行政業務報告』、平成15年から厚生労働省『保健・衛生行政業務報告』に毎年全国集計が記録されている）。

　さて、昭和40（1965）年から平成17（2005）年まで、全国ホテルの40年間の推移は、施設の増加数8,732、客室数同じく674,209となっている。増加倍率でみると施設数34倍、客室数28倍という驚異的な増加であり、他方、旅館の施設数が18％も減少したことと比べて、あまりにも対照的であった。

　しかしながら、大都市をはじめ地方都市での創設に際しては、すべてが容易であったわけでなく、地元で営業している旅館側との間で生じる摩擦は避けられなかったのである。例えば、昭和45（1970）年時点の全国平均客室数規模の比較でみると、ホテル89.5室（登録

第 10 章　ホテルの成長発展と旅館への影響

ホテル 143.2 室）に対して旅館 9.8 室（登録旅館 42.8 室）というように、ホテルと旅館の経営規模格差関係が明確であった。

しかも、ホテルの新規参入が急速であったがために、大企業対中小零細企業という対立関係が、感情論的次元の論議をまじえて先鋭化し、ことに、市場規模の小さい地方都市では、旅館同士の競争が存在するもとで、大企業のホテルが参入すれば、更なる競争激化は避けられず、経営継続の困難が予想されることを理由に、地元の旅館環衛組合に結集して、創設反対ないしは計画規模の縮小を要求して紛争が生じるようになるのであった。

昭和 54（1979）年末時点の紛争の記録によれば、秋田、新潟、長岡、福島、高崎、京都、高松の 7 市で紛争中、話し合いがまとまったのは盛岡、金沢、名古屋、和歌山、岡山、京都（N ホテル以外）、高松（W ホテル以外）の 7 市であった。もっとも、金沢市の場合は、旅館環衛組合側が『分野調整法（中小企業の事業活動の機会を確保するための大企業者の事業活動の調整に関する法律）』に訴えていたが、厚生省が仲介して解決した例である（原資料は日本経済新聞等による。前掲木村『現代日本のサービス業』）。

旅館側と紛争を避け、共存の方法として旅館環衛組合への加入を選択したホテルの例（大阪府の事例による）があるように、両者間の関係はすべて対立的に終始した訳ではなく、各地の実情に応じた利害調整の理性的余地は残されていたのである。しかしながら、現代の経済体制の仕組みと資本の論理の前には、組合組織としての対応にも限界があり、旅館側の劣勢は明らかになっていくのであった。

一方、地方都市の行政側にとってのホテルは、近代都市計画と都市機能の整備推進にとって、望ましい施設として位置づけようという

共通的底流があったと推測され、更に、ホテルの新設投資は固定資産税、法人諸税等の税収効果と、雇用、経済波及等諸々の効果が期待されるだけに、歓迎すべき事項であったといえよう。市民側においても、日常生活様式に近代欧米文化が急速に浸透するにつれて、社交的・文化的機能を備えたホテルに対して、違和感なく受け入れる気運になっていったとみることができよう。

かくて、大都市・地方都市のいずれの旅館側にとっての客観情勢は、否応なく憂慮を促す段階へと突き進んでいくのであった。

景気変動とホテル新設の関係

ところで、昭和40（1965）年以降を10年間隔に区分して、施設数・客室数の推移をみたのが表21である。平成17（2005）年まで

表21　全国ホテル施設数の推移（昭和40～平成17年、10年間隔区分別）

	施設数		客室数	
	増加数	増加寄与率	増加数	増加寄与率
昭和40～50	891	10.2％	85,829	12.7％
50～60	2,183	25.0	157,399	23.3
60～平成7	3,842	44.0	270,004	40.0
平成7～17	1,816	20.8	160,997	23.9
計	8,732	100.0	674,209	100.0

資料）表14資料から算出

第 10 章　ホテルの成長発展と旅館への影響

の40年の間には列島改造ブーム、大阪万国博、山陽・東北新幹線開業、沖縄海洋博などホテルの新設促進要因がみられた反面で、1次・2次石油ショック、円高不況、バブル景気とバブル崩壊、金融危機など、国内要因はもとより、ときには海外要因と二重の圧力によって、経営にとって安穏なときは短く、絶えず不安定な景気変動にも直面していたのである。

　施設数、客室数ともに最大の増加寄与率となる昭和60〜平成7（1985〜1995）年の10年間は、空前のバブル景気が影響したものであろう。だが、バブルが崩壊すると、次には深刻な金融危機に始まる〈失われた10年〉の局面に展開するのであった。〈ゼロ金利〉が象徴する不況のもとで、ホテル増加の勢いは急速に鈍化した。しかし、それでもなお増加の趨勢は継続しており、なかでも東京都心部地価の下落は、外資系最高級ブランドホテルの進出機会を与えたのである（「マンダリン・オリエンタル東京」「ザ・リッツ・カールトン東京」「ザ・ペニンシュラ東京」「シャングリ・ラ　ホテル東京」など。日本不動産研究所の6大都市商業地価格指数によると、平成12年を100として17年は67.3へ暴落した。『数字でみる日本の100年』改訂第5版、国勢社、2006）。

　地方の小都市においても、旅館の後退と裏腹に、後述のように、「ビジネスホテル・チェーン」の出店が相次いでおり、明らかに供給先行型の、ホテル新設投資意欲の根強い存在を示している。

2. ホテル需要の大衆化傾向と「中級ホテル」構想

都市旅館の強敵となる「中級ホテル」

　全国ホテル施設の量的成長については、新しい需要領域の拡大化に対応した「中級ホテル」ないしは「ビジネスホテル」を開発し、チェーンやグループの組織によって多店舗化を実現させた側面に注目しなければならないであろう。

　東京オリンピック（1964年）、大阪万国博（1970年）など国家イベントの開催は、時期的に高度経済成長期と重なったこともあり、シティ・ホテルの新設は東京、大阪を中心にブームと呼ばれたほど盛況であった。政府登録ホテルの客室利用率（年間平均）の記録によると、全国平均では昭和35（1960）年の64％が44（1969）年には81.2％へ、京阪神地区で74％から80.9％へと上昇しており、なかでも京浜地区では80.0％から93.8％というように、ホテルの利用客が著しく増加しつつあった事実を示しており、ホテル新設ブームの理由の一端を理解できうる資料である。

　また、外国人旅行客の宿泊割合は、当初全国平均43％、京浜地区75％、京阪神地区59％であったが、その後は来日外国人旅行者数増加の傾向が続いていたにもかかわらず、昭和44（1969）年の宿泊割合は同30.1％、同52.9％、同31.8％へと低下しており、逆に日本人宿泊客の絶対的増加の大きいことの結果、このように主客の逆転現象が生じるようになっていたのであった。

第 10 章　ホテルの成長発展と旅館への影響

　ホテルは、外国人旅行客の利用を目的に設立されたという明治の勃興期以来の歴史的経緯を顧みるとき、日本人が主客となった現代のホテルの状況は、個人所得水準の向上と生活様式の変化を起させる動因となる昭和戦後の経済発展の"凄まじさ"、近代欧米文化の受容の"素速さ"を実証する歴史的指標といえよう。

　それはさておき、外国人旅行客のホテル宿泊率の低下の原因については、「米国人を中心とする来訪外客の大衆化という需要サイドの基調変化に対し、供給サイドが適応し得なかった」（運輸省大臣官房観光部編『ホテル業の現状と問題点』昭和45年）という分析とともに、日本人旅行客の需要領域が、従来の高所得階層から中所得階層へと拡大傾向にあり、しかも需要増加のポテンシャルがあることとあいまって、関係者の間で「中級ホテル」の必要性が認められるようになるのである。

　運輸省観光部編の上掲論文で構想された「中級ホテル」とは、「ビジネス旅行客を主たる対象とした大衆向きのホテルである」とされ、モデルとして示された具体像は、以下のようであった。

(1) 宿泊料金は低廉であること（政府登録ホテルクラスの平均室料を 20% 程度下回るものとし、シングル 2,000 ～ 2,500 円、ツイン 3,500 ～ 4,000 円を目標。税・サービス料別。料金は昭和 44 年頃の水準と推定される）

(2) 施設、サービスの内容が割合行届いていること（施設については『国際観光ホテル整備法』が定める基準に適合するものであって、①シングルのバス・トイレつき客室が総客室数の大部分を占めること、②客室当たりクリア・スペースはバス・トイレ部分等を除いて

7.5㎡以上であること、③収容人員の3分の2程度が朝食を3回に分けてとれる広さの食堂があること、④サービスはできる限り簡素化、省力化が望ましい。運輸省同上資料）

　このように、ホテルのランクを「中級」に位置づけてはいるものの、ビジネス旅行客向けの料金の安い単なる〈大衆ホテル〉ではないことは、施設は『国際観光ホテル整備法』を基準に置くとされることからみても明らかである。したがって、実態は〈大衆化されたシティ・ホテル〉の部類に属することになるのであろう。
　他方、宿泊需要者側にとって「中級ホテル」は、割安な料金の〈新しい商品〉として魅力的であったに違いない。
　もっとも、都市の旅館にとって「中級ホテル」は、宿泊料金面のみならず、ホテルのもつ〈ステイタス〉という無形価値との競合にも直面することになり、こうした強敵の新規参入は、客観情勢の厳しさの加速を意味するのであった。

3.「ビジネスホテル」の出現と変遷過程

「ビジネスホテル」の意味

　全国各地の都市へ進出したホテルのなかで、地元の旅館が最も打撃を受けたのは、利用客層が競合する「ビジネスホテル」であったとみられている。旅館にとって「中級ホテル」よりも強敵となる「ビジ

第 10 章　ホテルの成長発展と旅館への影響

ネスホテル」とは如何なるものであったのか、同業者による組織化とその変遷過程から捉えてみよう。

　ホテルが全国的に急増する方向にあった昭和 46（1971）年 11 月、有志によって全日本ビジネスホテル協会が設立された（昭和 49 年に社団法人）。

　その一方には、日本ホテル協会（創立明治 42 年）が存在しており、会員ホテルは、明治期以降、外貨獲得と国際貸借改善を目指す国策に副い、外国人旅行客の利用に主体をおいて運営されてきた経緯があり、伝統的スタイルのシティ・ホテルに分類される経営形態をとっていた。昭和 50 年代（1975 〜 84）においても、このことが会員資格要件とされていたようで、このため、「ホテルと名がついていても、この協会に加入できないホテルもある」（丁字晴夫「日本ホテル協会」、日本交通公社編『現代観光用語事典』1984）という状況であった。

　こうした経緯から推察すると、日本ホテル協会に加入が認められなかったホテル同士によって、新たに組織されたのが「全日本ビジネスホテル協会」であり、名称に「ビジネス」を付加したのは、会員の経営目標と形態が、従来型のシティ・ホテルと異なることを表すために名付けられたものであろう。

　他方、何故「ビジネスホテル」なのかについては、「業務を目的とした旅客のためのホテルであって、客の使用目的に由来する名称」とする説がある（作古貞義「ビジネス・ホテル」、長谷政弘編著『観光学辞典』同文館、平成 9 年）。

　もっとも、「ビジネスホテル」という用語の最初の使用例は意外に古く、昭和 13（1938）年に東京・新橋で開業した「第一ホテル」（阪急・東宝グループ企業の創業者小林一三が発案した大衆ホテル構想に基づ

151

き、味の素本舗株式会社鈴木商店が中心になって創業された、わが国最初の大型ビジネスホテル。前掲木村『日本のホテル産業100年史』)が、開業に際して宣伝用に作成したキャッチフレーズが、
　　「東洋最大のビジネスホテル、全館冷暖房完備」
であった(前掲『第一ホテル社史』)。

全日本ビジネスホテル協会の会員資格要件

　全日本ビジネスホテル協会設立当初の会員ホテルの基本的な性格は、
　①清潔、安全、便利、快適等の諸点よりみて、その施設が良好であること
　②一人室を主とする客室収入に経営の基盤を置いて、健全な営業を行っていること
　③利用料金が低廉かつ適正であること

の3点が挙げられており(協会『設立趣意書』)、②を除けば、前節でみられた「中級ホテル」の性格と変わらないことになる。②の条件は、単独で行動するビジネス旅行客の利用を目指して、宿泊機能に特化した営業を意味するから、在来の多機能型のシティ・ホテルとは基本的に性格が違う点を明確化している。
　次に、会員ホテルの資格条件を施設と設備の面から定めた基準のなかで、その時点では以下の3点が重要であった。
　①総客室数の2分の1以上が洋式客室(基準客室)であり、基準客室が、東京都の区のある区域並びに京都市、大阪市、横浜市、神

第 10 章　ホテルの成長発展と旅館への影響

戸市及び名古屋市においては 30 室以上、その他の地域においては 15 室以上であること（後年、東京都及び政令指定都市において 50 室以上、その他の地域 30 室以上と改正）
②総客室数の 2 分の 1 以上が一人用の洋式客室であり、その 2 分の 1 以上が基準客室であること（後述の理由から、後年削除された）
③客室の収容人員に相応した規模の食堂があること

経営の概要

　協会会員を含めた全国のビジネスホテルの経営の実情は、どのようなものであったのであろうか。昭和 50・51（1975・76）年時点に調査された資料から、経営規模を中心とした概要をみると、およそ次のようであった。
　算出された推定値によれば、この時点で施設数 450、客室数 42,000 となり、これを対全国ホテル比でみると、施設数、客室数ともに 38 〜 39% になるなど、ホテル業のおよそ 4 割を占有するほど量的に拡大しつつあったことが分かるのである（城友輝氏の推定による。木村吾郎「戦後のホテル業の発展とビジネスホテルの展開」、大阪府立商工経済研究所『商工経済研究』第 3 号、1977）。
　この時点の一施設平均客室数は、全国旅館 10.9 室、登録旅館 46.9 室であった。ビジネスホテルは推定値で 93 室となるので、客室数規模の比較だけにおいても、ビジネスホテルの優位が明らかであった。
　全国ビジネスホテル調査によれば、129 社の 66% は昭和 47 年から 49 年（1972 〜 74）に開業しており、全国のホテル施設全体が 2.2 倍に急増した時期に該当していたことを示唆している（柴田書店

『月刊ホテル旅館』昭和51年2月。全国ホテル施設数昭和47年572、昭和51年1,269、増加倍率2.2倍、厚生省『衛生行政業務報告』)。

次に、全国調査129社の平均従業者数は37.3人、うち正規従業員28.5人、パート従業員8.8人であった。従業員の勤務制度が2交代制とみれば、1日当たりの従業員は約18人であったとみられる(柴田書店『月刊ホテル旅館』昭和51年1・2月。木村上掲書)。

協会会員69社の調査による平均収入割合は、宿泊料61%、飲食売上げ25%、その他14%となっており、日本ホテル協会(昭和48年度)の主要ホテルの室料20%、飲食料40%、付帯事業・その他31%と比較すれば、両者の営業形態の相違の著しさが明らかであった(木村上掲書)。

一方、全国主要旅館の調査(昭和37年度)によれば、大旅館(12軒)は飲食収入59%、宿泊料収入7%の割合であったのに対して、中旅館(101軒)と小旅館(100軒)では宿泊料収入66〜68%、飲食収入10%であった。この収入構造は、経営規模に固有するものであるとすると、中小規模の旅館には、宿泊サービス以外に有力な〈売る商品〉を持っていないことを意味している(柴田書店『ホテル旅館経営全集Ⅰ』昭和44年)。

ここで注目すべきは、中小規模の旅館とビジネスホテルは、収入の大部分を宿泊料に傾斜する構造で共通していることである。したがって、ビジネスホテルの進出によって、宿泊需要のうえで競合関係が発生する可能性は、中小規模の旅館との間であることが明らかになるのである。

第10章　ホテルの成長発展と旅館への影響

単機能型から多機能型経営形態への変貌

　その後の協会会員ホテルの動向を要約してみると、社団法人化された昭和49（1974）年時点の会員ホテルは151（客室数15,202）であったが、入会ホテルの増加が続いたことから、組織が改編された平成4（1992）年には484（客室数45,982）へ3.2倍増となったほか、更に平成8（1996）年には522（客室数49,993）へと増加したものの、これがピークとなる記録であった。この間、会員ホテルの平均客室数規模は、ほぼ100室前後で推移している。

　ところで、昭和51（1976）年に調査された179会員の経営状況から判断すると、

　①宿泊サービス機能中心（単機能型）
　②宿泊以外のサービス機能も備えている（多機能型）

　というように、経営形態の類型化が可能であったし、収入構造からの判断からみる限りでは、①の形態の会員が最大多数を占めていた。

　こうして、ビジネス旅行者の宿泊を主体としていた当初の状況は、年とともに観光客、女性客、家族客、グループ客、会議・イベント出席者など客層が多様化し、また外国人旅行者の利用も増加してきたことなどに対応した客室へ改良（9㎡から12㎡への拡大）、レストランの整備（テナントを含め、従来の朝食が主流であった飲食部門が外来客の誘致を図るなど充実した飲食経営へ）と、一方では、地域社会の利用客の要望にも応えるべく、シティ・ホテル並みの結婚式場、宴会場、会議室、駐車場等の整備など、需要ニーズとともに、多機能型の経営へと変貌していくようになるのであった。

全日本シティホテル連盟と改称

　このように、〈ビジネス〉の枠を超えた利用客層の拡大と、会員ホテルの施設・設備の全面的な質的高度化に伴い、当初の「ビジネスホテル」の名称と実態がそぐわぬことになり、平成 4（1992）年、法人名を「社団法人全日本シティホテル連盟」に改称されたという経緯を辿っている（『社団法人全日本シティホテル連盟の概要』平成 11 年、会長清水信夫氏の教示による）。

　他方、訪日外国人旅行客の拡大と多様化に対応するため、登録基準の緩和と登録手続きの簡素化等、『国際観光ホテル整備法』が改正（平成 4 年）されたことにもよるが、会員ホテルで政府登録ホテルとなるものが 100 軒に及んでいる（同上）という結果からも、会員ホテルの施設が質的にレベルアップしていった事実が明らかであった。

　この時、連盟組織の目的を「健全、快適で、効率的なサービスをそれに相応する料金で提供するホテルの施設、接遇の改善、経営の合理化等を図り、内外旅行者の利便の増進に資するとともに、わが国観光事業の健全な発展と国際親善に寄与すること」に改められたのである。

連盟会員ホテルの消長

　シティホテル連盟会員は、平成 8（1996）年をピークに、翌 9 年以降は年々減少を続けており、平成 19（2007）年の会員数 233 は、ピーク年比マイナス 289、同 55% と半減するに至った。バブル景気崩壊後の長期不況、金融危機、チェーン・ホテルの進出などの直撃的

影響からの経営破綻、世代交代を期に廃業、外資に吸収される等々の理由からであったという（同上）。

　連盟会員ホテルのなかには、単独店対チェーン店の対立軸のもとで、対抗できる価格競争力を持たないものや、インターネット営業にも対応できなかったものが敗退したとみられ、こうした事実からも中小規模の旅館では、より深刻な打撃を被ったものと推察される。

4．ホテルチェーンの全国多店舗展開戦略

ホテルチェーンの二つの方式

　昭和44（1969）年、第一ホテルは、ホテル需要の大衆化時代への対応として、大衆料金のホテルで全国ネットワークによるチェーン展開を構想、
　①単機能の宿泊のみに徹した「イン」（フランチャイズシステム）
　②料金設定を上げて、多機能によるシティ・ホテルの「第一ホテル・
　　チェーン」（直営）
　の二つの方式であった。
　早くも翌年には、第一ホテル・チェーン1号店（秋田）を開業させた（前掲『第一ホテル社史』）。
　昭和45（1970）年、日本レンタカーサービス（株）は、アメリカのホリディ・インが低料金のホテルを各地に建設している状況にヒントを得て、ホテル・ノウハウを売るチェーン・オペレーションシステ

ム会社設立を企図、第一ホテルに協力を要請した。

　第一ホテルでは、自社の「ホテルイン」構想と一致する点があったことから出資協力し、(株)ホテル・サンルート・チェーンが設立され、同年11月に1号店(坂出)が開業したのを皮切りに(同上資料)、この両社によって、わが国最初となる本格的なホテルチェーンの全国展開が始まるのであった。

　第一ホテルは、「第一ホテル・チェーン」とは別個の「第一イン・チェーン」の運営のために、第一ホテルシステム(株)を設立した。ここでは、遊休土地の有効利用をめざす現地有力資本家との提携を図り、「所有」と「経営」を分離した運営受託方式によるものと、フランチャイズシステムのホテルであった。

　目標としては、「人口5〜6万人の中小都市にも照準を合せ、全国8万軒にのぼる日本旅館の市場に参入する戦略」(同上資料)のもとに、全国各地に向けて多店舗展開を意図していたのである。

　かくて、地方の中小都市へ進出するホテル(チェーンを含む)は、用地の提供者またはホテルの所有者ないしはフランチャイジイを地元の関係者に求めることになり、旅館にとっては衝撃的であったであろう。大都市と違って、歴史的に互いの結びつきが強い地域社会であることから、ホテルの出現に対して、本章冒頭でみたように、全国各地の旅館に感情論的次元をまじえた反発が生じたとしても、無理からぬことであったのである。

　ところで、昭和60(1985)年時点の調査によると、5店以上を有するホテルチェーンとホテルグループは42、ホテル数595と記録されている(原　勉・岡本伸之・稲垣　勉『ホテル産業界』巻末資料2、旅館チェーンを除く。教育社新書、1985)。この状況は、チェーン組織化

第 10 章　ホテルの成長発展と旅館への影響

と多店舗展開がブーム化していたことを表すものであり、地方中小都市の土地所有関係者間では、市街地価格の上昇が続く時代背景の下で、不動産価値向上にとって有望な投資対象がホテルであったのであろう。

　第一ホテルは、チェーンホテルの基本的性格をめぐって意見の不一致をきたしたことなどを理由に、サンルート・チェーンから離脱した後においても、自社のチェーンホテルの拡大を続け、平成 3（1991）年 10 月現在で第一ホテル・チェーンのホテル数 16、客室数 4,024、第一イン・チェーンのホテル数 17、客室数 1,631、これに海外と提携のホテルを加えると、ホテル数合計 40、客室数 7,587 という規模に達していた（前掲『第一ホテル社史』）。しかしながら、バブル期の大型投資が響いて業績が悪化、平成 12（2000）年 5 月、第一ホテルは経営が破綻し、阪急グループの支援を受けることになるのであった（日本経済新聞、平成 13 年 8 月 1 日付）。

　ホテル・サンルートもまた、JTB 全額出資会社へ移行しており、ホテルチェーンを先駆した 2 社は、このような曲折を経て現在に至っている。

ホテルチェーンとホテルグループの現況

　最近年（平成 18 〜 20〈2006 〜 08〉年）における主なホテルチェーン 4 社とホテルグループ 3 社の現況および全国地方別出店状況は、表 22 - 1 〜 2 のとおりである。

　7 社の出店ホテル数は合計 660、客室数 130,850、平均客室数は 203 室である。

表 22-1　主なホテルチェーン 4 社、ホテルグループ 3 社の現況

		ホテル数 合　計	客室数 合　計	平　均 客室数
No.1	東横インホテルチェーン	207	38,954	188
No.2	ホテルルートイングループ	180	※24,451	150
No.3	サンルートホテルチェーン	77	11,747	152
No.4	ワシントングループホテルチェーン	55	15,085	274
No.5	阪急阪神第一ホテルグループ	45	8,547	189
No.6	東急ホテルズ			
	①東急イン	29	6,334	218
	②東急ホテル、エクセルホテル、東急リゾート	24	7,405	308
No.7	西武グループ プリンスホテル	43	18,327	458
	合　　計	660	※※ 130,850	203

資料）1、各社の「2006～08 年版ガイド」、「パンフレット」によって作成
　　　2、NO.2 には近日オープン 50 を含む。※の集計数は 163。合計の※※集計数は 643

　ちなみに、平成 18（2006）年の全国ホテル施設数と客室数の対比でみると、7 社のホテル数は 7.2%、客室数は 18.1% を占める位置にあり、また平均客室数では全国平均の 2.6 倍にもなるなど、7 社の多店舗展開規模が大きい。
　7 社のチェーンは、ほぼ全国すべての地方へ出店展開しているものの、全体の 25% は関東・首都圏と東京都を加えた〈東京広域圏〉に集中しており、続いて東北と甲信越・北陸が比較的に多いものの、中国・四国と北海道は少ない。

第 10 章　ホテルの成長発展と旅館への影響

表 22-2　全国地方別出店状況

	合計	北海道	東北	関東	東京	甲信越陸	中部	近畿	中国四国	九州沖縄
No.1	207	14	22	40	27	13	17	25	20	29
No.2	180	11	26	22	5	45	36	5	6	24
No.3	77	5	16	7	14	8	6	8	10	3
No.4	55	2	9	6	3	3	7	6	8	11
No.5	45	0	5	1	10	2	1	16	7	3
No.6										
①	29	4	3	0	4	3	2	4	6	3
②	24	1	2	4	4	4	4	2	0	3
No.7	43	6	2	12	9	6	3	3	1	1
合計	660	43	85	92	76	84	76	69	58	77

　都市規模別出店で最大の特徴は、「指定都市」および「中核都市」以外の「他の小都市」へ 243 店、36.8% と全体の 4 割近く集中していることである。なかでも、ホテルルートインでは 180 店のうち 110 店、61% と突出しているのが注目点である。この中には、長野県下人口 4 〜 5 万人の小諸市 (4.5 万人)、中野市 (4.6 万人)、諏訪市 (5.2 万人) のみならず、1 万 4 千人と更に小さい御代田町が含まれている (長野県『市町村別主要統計』、平成 20 年 4 月 1 日現在人口による)。こうした事例から推測すると、出店適地範囲がより狭まりつつあるようにみられることであろう (ホテルルートインは、平成 21 年 6 月、利用客減で収益悪化のため、営業を継続しながら私的整理で再建を目指す方針という。ちなみに、平成 21 年 3 月期売上げ 504 億円、店舗数 222 店、パートを含む従業員数約 9 千人。朝日新聞平成 21 年 6 月 25 日付)。

西武グループでは、出店の6割が「リゾート」へ集中しており、他社にはない特徴がある（表22‐3）。

表22-3　全国都市規模別出店状況

	合計	三大都市	指定都市	中核市	小都市		リゾート
					県庁所在地	他の小都市	
No.1	207	46	40	40	20	61	0
No.2	180	8	14	23	13	110	12
No.3	77	18	8	13	7	29	2
No.4	55	10	7	11	9	16	2
No.5	45	17	3	4	0	14	7
No.6							
①	29	8	3	7	3	8	0
②	24	7	6	3	0	2	6
No.7	43	9	4	0	0	3	27
合計	660	123	85	101	52	243	56

駅前立地指向のビジネスホテル

　ビジネスホテル系5社498店の立地場所の特徴は、最寄り駅（殆んどはJR駅）よりの徒歩所要最短時間に表れている。すなわち、それが「駅前」（駅ビル内が含まれる）であることを示すかのように「1分」が106店、21%をはじめ、「3分」までが全体の半数に当たる249店にもなっているのである（表22‐4）。
　こうした立地特性を端的に表すのがホテルの名称に「○○駅前」

第10章　ホテルの成長発展と旅館への影響

ないしは「〇〇駅東・西・南・北口」と表記した事例である。なかでも、東横インホテルチェーンは、駅前立地に特化した出店戦略とみえ、207店のうち「駅前」ないしは「駅口」表記のホテルが130店、62％と目立って多い（例、「〇〇ホテル鶯谷駅前」「〇〇ホテル藤沢駅北口」）。

ホテルルートインにおいても、駅前への出店を目標にしているかのように、130店のうち「駅前」「駅口」表記のホテルが33店、25％にもなっている（例、「ホテル〇〇〇旭川駅前」「ホテル〇〇〇浜松駅東」）。

表22-4　最寄駅よりの徒歩所要時間

	合計	1分	2分	3分	4分	5分	6分以上
No.1	207	63	36	32	17	28	31
No.2	130	13	11	11	2	13	80
No.3	77	24	4	13	2	16	18
No.4	55	3	8	14	1	9	20
No.6-①	29	3	13	1	0	1	11
合計	498	106	72	71	22	67	160

備考）1、「最寄り駅」はごく少数の事例を除くと、その殆どはJR駅である
　　　2、「ビジネスホテル」系に限定して集計
　　　3、「1分」には駅ビル内に所在を含む

低料金戦術の事例

次に、ビジネスホテル系4社、431店のシングル客室料金についてみると、最低3,762円から最高15,540円の稀な事例を含めて、幅

広い分布がみられるものの、最大多数は 5,000 円台と 6,000 円台に集中しており、合せて 314 店、72.9% にもなる。なかでも、東横インとホテルルートインの 2 社はともに 88% を占めており、他のホテルチェーンが 8,000 円台以上を表示している状況と比べて、低料金の突出度が目立っている（表 22 - 5）。

表 22-5 シングル客室料金

	合計	4 千円台	5 千円台	6 千円台	7 千円台	8 千円以上
No.1	200	25	104	71	0	0
No.2	129	3	48	65	4	9
No.3	73	0	6	14	18	35
No.6-①	29	0	0	6	9	14
合計	431	28	158	156	31	58

備考）1、料金に A、B ある場合は A 料金
　　　2、4 千円台に 3 千円台の 2 例を含む

　ルートインは、全店・全客室インターネット回線完備で、使用無料にしている以外にも、実質的料金割引となるポイント・サービス、朝食バイキング無料サービス（ルートインホームページからの予約者について。「2006 年総合ガイド」による）を行っている。
　東横インは、日曜祝日限定特別企画として、60 歳以上、中学生以上 30 歳未満の学生、東横インクラブ会員について 30% 割引が行われていた（「2009 年新春全店パンフレット」による）。
　こうした低料金と、インターネットを競争力として宿泊市場へ参入してきたことについて、先発組の全日本シティホテル連盟会員ホテ

第 10 章　ホテルの成長発展と旅館への影響

ルなどから〈価格破壊〉の批判が起ったのは、それほど受けた影響と打撃が大きかったからであろう。

「駅前旅館」から「駅前ホテル」への変貌

　ビジネスホテルのシングル客室料金 5 〜 6 千円台という水準は、ホテル間における価格競争からの設定であったとしても、全国都市の中小規模旅館の平均的一泊二食付料金帯（平成 19 〜 20 年時点）でもあるとみられるところから、旅館側へ多大の、場合によっては価格競争力喪失という決定的影響が及んでいると推測されるのである。加えて、一般の旅館にとっての打撃は、ホテルが有する機能性・利便性（バス・トイレ付、ブロードバンド対応等完全個室の客室構造、到着時間・門限・食事の自由等々）という業務出張旅行者のニーズに合致した強力な差別化商品の存在であろう。対して都市の中小規模の旅館には、少数の料理・割烹の兼業を除くと、宿泊サービス以外に〈売るべき商品〉を持っていなかったのである。

　ところで、明治期以来、全国各地へ鉄道が延伸していき、国民の最も重要な移動手段だったころは、「日本国中、急行列車や特急の停まる駅なら、たいてい駅舎と向き合って旅館がたっていた」（松尾定行『駅前旅館をいとおしむ』クラッセ、2008）のであったが、いまやその「駅前旅館」は「駅前ホテル」に取って代わられる時代へと激変してきた現実を、是認せざるを得なくさせている。

　地方の中小都市においても、市の玄関に当たる鉄道駅の高架・橋上駅化ないしは駅舎の整備と並行して、駅前街区の整備が促進されつつあり、駅前風景とともに「駅前旅館」の立地環境もまた変化してし

まったという事例のほか、かつて国鉄時代の支線が、JR が合理化のために行った廃線によって、運命を共にせざるを得なかった「駅前旅館」の事例もあったであろう。

　全国各地の「駅前旅館」の現況を調査した松尾定行氏は、経営者の高齢化が進み、後継者が決まらず、当代で廃業せざるをえないものが半数、全体の四分の一は後継者がすでに仕事を手伝っていて、客足も絶えないという健全経営であるが、残りの四分の一は今後どうなるか予断を許さない状態、と分析している（平成 19〈2007〉年調査、松尾上掲書。厚生省生活衛生局が行った『平成 9 年度環境衛生関係営業経営実態調査』によると、旅館の 50 歳以上の経営者で「後継者がいない」ものが 17.9％で、松尾氏の指摘よりは少数であった。しかし、「施設の老朽化」が経営上の問題点とするものが最大多数の 44.5％を占めており、この問題のために〈廃業予備軍〉になる可能性が高いだけに、今後の方向については、深刻に受け止める必要があろう）。

　しかしながら、旅館の宿泊利用者は、旅行客だけではない。工場、道路、橋梁等の建設工事などが完成するまでの期間の作業関係者と、その後も点検・補修で定期的に出張してくる関係者が、宿舎として旅館を必要とすることが少なくないようである。この該当旅館の場合、定期的に利用されているようであれば、さしづめ現代版の「御用旅館」ないしは「指定旅館」ということになろう。松尾氏が指摘する「健全経営」の部類の旅館には、「駅前」に限らず、このような滞在型の宿泊客に対応可能な条件を有する旅館が含まれるのであろう。

　他方、急速な市街化が促進された都市では、「駅前」の一等地をはじめ、共通して商業地価の高騰が続いた結果が固定資産税→相続税の高額化に作用し、事業承継を困難にした事情があるとみられる。更に、

第 10 章　ホテルの成長発展と旅館への影響

建物・設備の補修あるいはリニューアルに必要な資金と、後継者問題との兼ね合いから、当代限りの経営で終らせる事例を生み出し、旅館業界全体の後退を進ませる一因にもなったとみられる。

　結局のところ、都市の旅館対ホテル問題の根源は、昭和戦後の経済構造の激変とともに、社会構造もまた大きく変化してきたことによって、国民の価値観が多様化したことにあろう。「駅前旅館」から「駅前ホテル」への交替変貌は、その一つの現れとみて受け止めねばならないのである。

5.「ホテル収容力率」拡大化の方向

都道府県別「ホテル収容力率」と観光資源の関係

　昭和40（1965）年以降の40年間の施設数と客室数の推移でみた旅館とホテルの量的位置関係は、以下のように旅館の後退が明らかであり、なかでも客室数シェアの著しい低下が特徴的である。

		旅館	ホテル
昭和40（1965）年	施設数シェア	99.6%	0.4%
	客室数シェア	96.2%	3.8%
	平均客室数	9.0室	93.6室
平成17（2005）年	施設数シェア	83.8%	16.2%
	客室数シェア	54.9%	45.1%
	平均客室数	15.3室	77.6室

この結果でみられるように、旅館のシェアは、施設数ではなお8割強と絶対的ではあるものの、客室数では過半数割れ寸前にまで低下するに至った。客室数規模ではるかに優るホテルの進出と、一方における旅館施設の後退が、なおも続きつつあることに原因がある。
　ところで、ホテルの客室数シェア拡大化の伸展は、旅館に対して宿泊客収容力の増大を意味するものでもある。そこで、以下ではホテルの客室数シェアを「ホテル収容力率（ホテル客室数÷〈旅館客室数＋ホテル客室数〉）」と換言して、その動向を確認することにしよう。
　まずはじめに、都道府県別に「ホテル収容力率」の進行状況をみたのが表23である。全国計でみられるように、「ホテル収容力率」の伸展の"凄まじさ"は、僅か3.8%でしかなかった昭和40（1965）年と比べて、平成17（2005）年には45.1%へ増大している事実である。
　47都道府県の4割に当たる19県は、全国平均の45.1%を上回っている。60%以上の高率な7県のなかでも、沖縄県の75%と東京都の72%が突出して高率となっており、両地では旅館の後退の著しさを示している。
　一方、全国平均よりも低く、30%にも満たない12県では、何れも人口や産業集積地としての大都市はみられないものの、海・山・湖・温泉の自然資源あるいは歴史的文化遺産の文物資源などの観光資源が豊かな県であることで共通している。「ホテル収容力率」が低いという結果は、旅館に対する需要者のニーズの高さの現れでもあるとすれば、「観光県」における旅館の今日的存在意義とその評価を問いかけているように思われる。

第 10 章　ホテルの成長発展と旅館への影響

表23　都道府県別「ホテル収容力率」の現状（平成17年）

全国平均	45.1%（昭和40年3.8％以下各県の括弧内は昭和40年のホテル収容力率＝％）			
60％以上　7県	沖縄 75.0（不詳） 埼玉 67.5（0.3）	東京 72.5（18.7） 宮崎 61.7（2.3）	大阪 68.4（10.1） 京都 60.8（7.9）	福岡 67.7（2.6）
50％台　7県	愛媛 55.8（1.0） 広島 52.0（3.0）	兵庫 55.7（3.8） 宮城 51.4（2.6）	香川 52.9（0.9） 千葉 51.3（1.4）	神奈川 52.7（9.1）
40％台　10県	北海道 48.8（2.0） 愛知 45.4（4.2） 茨城 40.7（0.2）	滋賀 48.8（5.5） 鹿児島 44.2（1.6） 岩手 40.4（-）	高知 47.1（1.7） 富山 42.6（0.4）	岡山 45.6（1.8） 青森 42.4（-）
30％台　11県	佐賀 38.2（-） 新潟 34.9（1.5） 福島 34.1（-）	秋田 38.0（0.8） 岐阜 34.8（0.7） 山形 32.3（-）	石川 37.5（2.0） 大分 34.7（0.8） 鳥取 32.0（-）	長野 36.3（2.4） 島根 34.2（-）
20％台　11県	静岡 29.1（3.0） 群馬 24.8（0.0） 福井 22.7（-）	奈良 28.9（0.9） 徳島 24.3（-） 和歌山 22.7（0.6）	山口 27.0（0.4） 山梨 24.2（4.3） 栃木 22.5（1.5）	長崎 26.8（2.3） 熊本 23.9（0.6）
10％台　1県	三重 17.3（1.0）			

資料）表14資料より算出、（-）はホテルがゼロであったことを示す

全国指定都市の状況

　東京都を含めた全国15指定都市の「ホテル収容力率」の推移は、表24のとおりである。平成17（2005）年の結果は、全国平均より低率の名古屋市を例外に、全て50％以上となっており、なかでも横浜、福岡、さいたま、札幌の4市は、80％の高率になっているのが注目される。

表24　全国指定都市の「ホテル収容力率」の推移　　　　　　　　　単位%

	昭和40	50	60	平成7	17
全　　　国	3.8	10.8	20.7	34.8	45.1
東 京 都	18.7	37.6	59.1	69.3	72.5
大 阪 市	12.6	35.0	56.4	67.2	77.6
名古屋市	7.2	16.1	27.4	38.9	44.3
札 幌 市	−	36.9	48.5	72.5	80.8
仙 台 市	−	−	−	63.5	77.4
千 葉 市	−	−	−	64.9	71.1
横 浜 市	16.4	21.4	35.7	68.1	82.0
川 崎 市	−	10.5	24.5	53.0	67.1
京 都 市	9.5	30.0	44.6	56.3	70.0
神 戸 市	9.9	13.2	32.1	60.4	73.8
広 島 市	−	−	43.9	57.6	66.3
北九州市	3.8	13.8	37.0	60.8	75.8
福 岡 市	−	32.2	57.7	76.2	82.2

資料）前表と同じ
備考）平成17年度に指定都市になった静岡市54.2%、さいたま市81.7%

　この結果から判然とすることは、全国の指定都市においては、旅行者の宿泊利用を主とする単機能型の旅館（在来型の一般旅館）に対して、ホテル―市民が多目的に利用が可能な多機能性を備えたシティ・ホテルをはじめ、業務出張旅行者向けに特化したビジネスホテル―の優位性が、確実に高まっている事実であろう。
　シティ・ホテルは、進出したエリアで婚礼市場（結婚式場、披露宴）をはじめ、宴会と飲食需要に直結する各種集会の誘致、文化活動場所の提供など、地域密着を目指す方向で市場創造活動を行っている。

第10章　ホテルの成長発展と旅館への影響

　一方、ビジネスホテルのコンセプトは、日常型の業務出張旅行者市場に着目し、都市規模とその市場に適応したキャラクターのホテルを提供することで、没個性化を避けようとするものであった。

　ところで、指定都市のなかで例外的に「ホテル収容力率」が低い名古屋市の場合は、同一県内に豊橋、豊田、岡崎の中核都市があり、この3市に71のホテル（客室数4,887、ちなみに3市の施設数、客室数は、奈良、鳥取、島根、徳島、佐賀の各県よりも多い）が、名古屋市の45を上回って存在しており、他県では例がない県内多極立地構造の特徴と関係しているようである。

第11章
観光旅行需要拡大化の態様と旅館の対応

1. 観光旅行需要拡大化の諸条件

マス・ツーリズム時代の実現

 わが国は、昭和40年代前半に、国民総生産では世界第二位の〈経済大国〉へと成長した（昭和45〈1970〉年にアメリカの10,155億ドルに次いで2,033億ドルであった。ちなみに、第三位は旧西ドイツの1,846億ドル、前掲国勢社『数字でみる日本の100年』）。
 こうしたもとで、個人レベルにおいても所得水準の上昇、消費の高度化、週休二日制の普及と余暇時間の増加が実現して、〈高度大衆消費社会〉の時代に至った。国民大衆のあいだに、余暇行動に価値観を見出す社会的風潮と、なかでも、観光旅行への志向が高揚していくことになる。
 かくて、国民（18歳以上）の一泊以上の観光旅行年間実施率が昭和32（1957）年には29%、昭和35（1960）年34%、昭和39（1964）年42%へと次第に高まり、観光旅行ブームの時代が現実になってきたのであった(総理府で実施した世論調査および第一回全国旅行動態調査。前掲内閣総理大臣官房審議室『観光行政百年と観光政策審議会三十年の歩み』)。
 ところで、かつての旅行は、その多くを鉄道に依拠していたのであるが、全国的道路網の整備と交通全般の飛躍的発展に伴い、移動手段の選択肢が広がるようになる。なかでも、モータリゼーションの広範な普及・拡大（全世帯の乗用車普及率は、平成5〈1993〉年に80%に

第 11 章　観光旅行需要拡大化の態様と旅館の対応

達した。経済企画庁『経済要覧平成 9 年版』）によって、旅行行動の時間的・距離的移動範囲の制約を解消させることにつながり、加えて、カー・エアコンの恩恵は、寒暑の季節に関係なく、快適な旅行を保証する手段となった（ちなみに、宿泊観光旅行で利用する交通機関は、「自家用車」49%、「鉄道」31%、「バス」29% 等の順であった。日本観光協会『観光の実態と志向』平成 18 年調査、複数回答）。

　新聞・雑誌・テレビおよびインターネットなどのメディアを通じて発信される各種の観光情報は、観光旅行への誘いと、旅行ガイドの役割を分担することにもなる。

　ここにおいて、観光旅行の大衆化―マス・ツーリズム―が実現する諸条件が、すべて整ったのである。

　他方、旅館側にとっては、旅行需要の商圏範囲が広範化し、かつて経験したことがない量的無限大の可能性―景気変動の繰り返す波を考慮する必要があるにしても―のある歴史的時代の到来を意味するものであった。

2.『家計調査』にみる観光旅行費支出

パック旅行の盛況

　国民の観光旅行行動を知るうえで、国の『家計調査』に計上されている旅行費支出額の推移は、重要な指標である。表 25 にみられるように、近年の全国全世帯の平均年間消費支出額のうち、旅行費（宿

泊料＋パック旅行費）への支出割合は、昭和 40（1965）年に 0.9% であったが、以降 10 年間隔でみた推移は徐々に増加しており、平成 17（2005）年には 2.2% に高まっている。

この間、消費支出額の名目増加倍率が 6.2 倍に対し、旅行費支出額は 14.9 倍（旅行回数の増加または旅行費単価の上昇かは分からない）にもなっている。この間には円高不況、平成不況などからの影響が、家計にも波及していたのではと推測されるものの、旅行に対する欲求は、確実に高まる方向にあることが読みとれる。

表 25　旅行費支出額の状況（全国全世帯、一世帯当たり年間支出金額＝円）

	消費支出 (A)	旅行費 (B)	(宿泊料)	(パック旅行費) (C)	(国内パック旅行費) (D)	B/A	C/B	D/C
昭和40（1965）	580,753	5,353	－	－	－	0.9	－	－
50（1975）	1,895,786	31,271	－	－	－	1.6	－	－
60（1985）	3,277,373	61,261	11,410	49,851	－	1.9	81.4	－
平成 7（1995）	3,948,741	91,874	20,544	71,330	50,675	2.3	77.6	71.0
17（2005）	3,606,377	79,884	20,469	59,415	41,039	2.2	74.4	69.1

資料）総務省統計局『家計調査』、外国パック旅行費は省略

旅行費支出のなかでは、観光旅行であることを示す「パック旅行費」が 7 割強であるのが最大の特徴であり、そのまた 7 割は「国内パック旅行費」となっている。『家計調査』で「パック旅行費」が計上された最初の昭和 55（1980）年は 37,054 円であったが、平成 17（2005）年には 1.6 倍に当たる 59,415 円へ増加しており、パック旅行が着実に支持されている証といえよう。その背景には、受入れ側の

旅館においても、パック旅行客の期待に応えた接待など、経営努力が傾注されたと推察される。

　一般の消費者にとってパック旅行の魅力は、旅行業各社が競って提案する豊富なパック旅行商品に対して選択の自由があり、個人で行動する場合と比べて旅行費用の割安感と簡便性、時間の節約など、得られる満足度を事前に予想できる利点があることであろう。パック旅行は、現代社会における旅行文化のパターンであり、観光旅行需要を喚起し、推進する有力な要素になっている。

3. 国内宿泊観光旅行の動向

期待される「観光立国推進基本計画」

　国土交通省は、国民の観光動向について毎年度調査を行っており、最近年の国民1人当たり宿泊観光旅行回数および宿泊数を、表26のように推計している。

　勤労者の個人所得、労働時間、休暇日数などは、経済動向と景気変動からの影響を受ける部分が大きいとみられており、それが国民の観光旅行行動に反映するものであるとすれば、最近年の傾向は、景気循環の下降停滞局面にあることを示しているのであろう。もっとも、国民の観光旅行行動については、現役世代のみならず、時間と行動に制約のない退職者世代の存在も、当然考慮される必要があろう。

表26　国内宿泊観光旅行回数と宿泊数（国民1人当たり、推計値）

年　度	宿泊観光旅行回数	宿泊数
昭和60（1985）	1.12	2.15
平成 7（1995）	1.29	2.08
15（2003）	1.70	2.81
16（2004）	1.71	2.76
17（2005）	1.77	2.89
18（2006）	1.68	2.72
19（2007）	1.50	2.42

資料）総理府、国土交通省『観光白書』

　平成19（2007）年、「観光立国推進基本法」の成立によって作成された観光庁の「基本計画」によれば、訪日外国人旅行者数1,000万人（民主党政府に替わって、2020年までの目標を定めた「成長戦略基本計画」では、2,500万人へ上方修正された。平成21年12月閣議決定、朝日新聞平成21年12月31日付）、国内旅行による1人当たりの宿泊数年間4泊、観光旅行消費額30兆円（平成18年度推計23.5兆円。『平成20年版観光白書』）などの魅力的な目標が設定されており、実現すれば宿泊サービス供給市場の拡大が期待されるだけに、旅館にとってはチャンスであり、視野を国際的に広げた対応を必要としている。

第 11 章　観光旅行需要拡大化の態様と旅館の対応

4．旅館の対応―再び屋号の意味について

「ホテル型旅館」の利用率が高まる観光旅行

　パック旅行以外の観光旅行者は、目的地でどの宿泊施設を選択しているのであろうか。日本観光協会の『観光の実態と志向』（前掲平成 18 年度第 25 回調査）調査は、観光旅行者の宿泊施設選択の時流を確認できる重要な指標である。

　利用した宿泊施設が、旅館とホテルに区分されるようになる昭和 47（1972）年の調査では、「旅館」の利用は 55.2%（複数回答、以下同様）の過半数であったのに対し、「ホテル（ビジネスホテルを含む）」は 18.2% であった。しかし、その後は「ホテル」の利用割合が徐々に高まる方向にあったが、平成 17（2005）年度の調査では 33.7% 対 41.3% という結果のように、両者の関係は逆転するに至った。このように、観光旅行の宿泊需要は、旅館からホテルへの移動が起っていたのである。

　ところで、回答者が利用したという「ホテル」とは、どのようなものであったのだろうか、関心を引く問題である。何故なら、リゾートなど観光地に立地する「ホテル」の実例によると、少数ではあるが格式をもつ〈高級リゾート・ホテル〉が存在しており、一般の観光旅行者にとっては、宿泊料金面においても、安易に利用しにくい雰囲気がある。また、各地の温泉観光地に、「シティ・ホテル」型ホテルが進出している例をみないし、あったとしても極めて稀であろう。

179

一方、全国各地のリゾートや温泉観光地には、外観上ではホテルと見紛うほど近代的大型高層ビル化した施設の旅館が立ち並び、熱海や別府のように、街区を成して風景化している例は少なくない。また、施設の屋号に「ホテル」と標記している例は、結構多い現実がある。観光旅行者が選択した施設を、都市に所在する本来のホテルと同様の「ホテル」と思ったとしても、もっともであった。

　こうした伝統的木造建築様式とは異なる旅館施設の近代的洋式大型化、「ホテル化」の経緯については、既述の第9章‐2でみられたとおりであるが、要するに、省力化対策をはじめ、さまざまな部門の合理化対策の実現は、シティ・ホテルの運営システムを取入れ、融合化した結果の現れであった。

　かくて、経営実態的には旅館であるが、屋号に「ホテル」を標記する理由があったのであろう。しかし、リゾートや温泉観光地では、旅館が商品構成の柱としている大浴場、露天風呂、畳敷き大広間の団体用宴会場などの設備と、一泊二食付の料金システムが保持されたうえでの「ホテル型旅館」であった。

　このようにみれば、上記の調査で、観光旅行者が宿泊施設として利用した「ホテル」というのは、屋号からみた判断であった可能性が高い。

「ホテル」を屋号とした事例

　そこで、任意ではあるが①国観連近畿支部会員(平成17年6月現在)、②日観連北海道支部会員（JTB『時刻表』2007年9月号）、③愛知県ホテル・旅館生活衛生同業組合員(前掲『組合創立50年史』平成20年1月、少数のシティ・ホテルと民宿の会員が含まれている) の名簿を利用して、

第 11 章　観光旅行需要拡大化の態様と旅館の対応

屋号を調べてみたのが表 27 である。

表 27　屋号の事例

屋　号	国観連近畿支部 会　員	日観連北海道支部 会　員	愛知県ホテル・旅館 生活衛生同業組合
合　　計	218（100）	313（100）	615（100）
旅館（館）	47（21.6）	58（18.5）	214（34.8）
ホ テ ル	55（25.2）	199（63.6）	224（36.4）
屋・家	18（8.3）	1（0.3）	22（3.6）
荘・亭 苑・園	36（16.5）	24（7.7）	36（5.9）
楼・閣	17（7.8）	6（1.9）	9（1.5）
その他	45（20.6）	25（8.0）	110（17.9）

注）日観連北海道支部会員の分類には、JTB 協定旅館を含む

　とりあげた事例は、全国旅館の全体からみれば極めて少数ではあるが、それにしても、屋号に「ホテル」と標記した旅館が、どれほど多いかが推察されるのである。

　愛知県の同業組合によると、県下の観光地、温泉地の旅館や都市部のビジネス客用の旅館で、屋号に「ホテル」の名をつけるところが増加してきたため、平成 6（1994）年、組合名称に旅館に加えて、「ホテル」を入れることを決議したという（前掲『組合創立 50 年史』）。実態はともあれ、4 割近い組合員の屋号が、「ホテル」を標記している現実が確認される。

　旅館経営の合理化・近代化への発展の一つの方式が、〈ホテル化〉であったことは確かである。しかし、その全てが施設・設備の実態と

機能性、快適性、人的サービス（ホスピタリティ）などで旅館の領域を凌駕し、「ホテル」と屋号化するほどの必然性を伴った結果であるかどうかについては、議論の余地があろう。

「ホテル」は、どの国にも存在し、世界共通の業態名称であるのに対して、「旅館」は日本独自の業態名称であり、今日では、日本の歴史と文化が込められた名称になっていることを忘れてはならないであろう。

引用・参照文献目録

以下の文献リストは、本文中および表に引用・参照したものを章別に再掲したものであり、引用が次章以降にも重複する場合は、その部分は記載を省略した。

第 1 章
1.

宇佐美ミサ子『宿場の日本史』吉川弘文館、2005

中村幸彦・岡見正雄・阪倉篤義編『角川古語大辞典』第 4 巻、第 5 巻

「明治元（1868）年町触れ」東京都編纂『都市紀要四』、初田　亨『東京　都市の明治』ちくま学芸文庫、2001 による

「明治 3（1870）年民部省布告」　東京都編『東京市史稿市街編』第 51 巻、1961

「萬国新聞」明治 5 年 1 月　明治編年史編纂会『新聞集成明治編年史』第 1 巻、昭和 57 年

2.

高柳眞三・石井良助編『御触書寛保集成』岩波書店、昭和 33 年

松田忠徳『江戸の温泉学』新潮選書、2007

八隅蘆菴『旅行用心集（復刻版）』八坂書房、昭和 47 年

宮本常一『日本の宿』社会思想社、昭和 40 年

山村順次「湯治場、温泉地、温泉旅館」、長谷政弘編著『観光学辞典』同文館、平成 9 年

3.

「大阪旅籠屋仲間組合規約」大阪商工会議所『大阪経済史料集成第

引用・参照文献目録

九巻』
「愛知県宿屋取締規則」愛知県条例規則集成
「京都府宿屋取締規則」京都宿屋業組合『京都宿屋業組合沿革史』昭和8年
「名古屋宿屋組合」白木信平『シナ忠百年の歩み』昭和45年、私家版
「集会条例」京都大学文学部国史研究室編『改訂増補日本史辞典』東京創元社、1983
第一ホテル『夢を託して―第一ホテル社史』1992

4.

近藤恒次編『東海道御油・赤坂宿交通資料』国書刊行会、昭和55年
田中丘隅「民間省要革編巻之三」滝本誠一編『日本経済大典第五巻』明治文献、昭和41年
田山花袋『温泉めぐり』(大正7年初版) 岩波文庫版、2007
『時刻表(復刻版)』昭和4年5月、第415号
「全国旅館組合連合会」愛知県ホテル・旅館生活衛生同業組合『組合創立50年史』平成20年

5.

「華族の称号の設置」明治2年行政官達、「士族の称号の設置・士族、平民等の制」明治2年、5年太政官布告　大久保利謙・児玉幸多・箭内健次・井上光貞編『史料による日本の歩み近代編』吉川弘文館、平成元年

6.

「宿泊料金統制要綱」国際観光旅館連盟『旅と宿―日本旅館史』昭

和52年
運輸省鉄道総局業務局観光課『日本ホテル略史』昭和21年
総務省『日本標準産業分類』平成14年3月改訂

第2章

1.
岡崎市『新編岡崎市史』史料近代下、昭和62年
青木栄一『鉄道忌避伝説の謎』吉川弘文館、2007
佐藤孝一『再版かるゐさは』丸善、大正11年
児玉幸多校訂『近世交通史料集四 東海道宿村大概帳』、『同五 中山
  道、六 日光道中・奥州道中・甲州道中宿村大概帳』吉川弘文館、
  昭和45年、47年

2.
那須文化研究会編『那須の文化誌』随想舎、2006
稲垣史生監修『日本の街道事典』三省堂、1983
大野一英『名古屋の駅の物語（下）』中日新聞本社、昭和55年
「名古屋のイベント」服部鉦太郎『明治の名古屋世相編年事典』泰
  文堂、昭和43年

3.
『栃木県史』（通史編7、近現代2）昭和57年
林　順信・小林しのぶ『駅弁学講座』集英社新書、2000
富田昭次『明治・大正・昭和ノスタルジック・ホテル物語』平凡社、
  2000
『日本国有鉄道百年史』第3巻、昭和46年

4.

かわぐち　つとむ『食堂車の明治・大正・昭和』グランプリ出版、2002

第3章
1.

『日本国有鉄道百年史』第8巻、昭和46年
『日本交通公社七十年史』昭和57年
「日本温泉協会」『日本国有鉄道百年史』第5巻、昭和47年
2.

『旅』日本旅行倶楽部、昭和14年12月号
3.

『帝国ホテル百年史』1990
『昭和家庭史年表』河出書房新社、1990
安藤良雄編『近代日本経済史要覧第2版』東京大学出版会、2003
遠山茂樹・今井清一・藤原　彰『昭和史（新版）』岩波新書、2005
『数字でみる日本の100年』改訂第3版、国勢社、1991

第4章
1.

犬丸徹三『ホテルと共に七十年』展望社、昭和39年

2.
　『富士屋ホテル八十年史』1958
　木村吾郎『日本のホテル産業100年史』明石書店、2006
　山口由美『箱根富士屋ホテル物語』トラベルジャーナル、1994
　常盤新平『森と湖の館―日光金谷ホテル百二十年』潮出版社、1998

第5章

1.
　内閣統計局編纂『大日本帝国統計年鑑』第56回昭和12年版、第57回昭和13年版、第58回昭和14年版
　佐藤秀夫「修学旅行」毎日新聞昭和58年11月17日付
　東京市『第33回東京市統計表』昭和12年、『東京市統計表一般統計編』昭和13年刊
　大阪市『大阪市統計書』昭和4年〜12年各年版
　名古屋市『名古屋市統計書』第37回昭和12年、第40回昭和15年

2.
　『名古屋観光ホテル五十年史』昭和61年

3.
　玉村和彦『レジャー産業成長の構造』文眞堂、1984
　宮本常一『伊勢参宮』社会思想社、昭和46年
　藤谷俊雄『「おかげまいり」と「ええじゃないか」』岩波新書、1968

4.

経済企画庁『経済要覧』各年

第6章
1.

喜多川守貞著、宇佐美英機校訂『近世風俗史（一）』岩波文庫、1996

大川一司・篠原三代平・梅村又次編『長期経済統計 (8)』東京大学出版会、1965

大阪都市協会『暮らしと物価―大阪百話』平成4年

三宅順一郎『日本中小企業政策史論』時潮社、2000

運輸省観光部『続日本ホテル略史』昭和24年

2.

古田鹿一「回想録」大阪府旅館環境衛生同業組合『20周年記念誌』昭和53年

木村吾郎『現代日本のサービス業』新評論、1981

総務省『家計調査年報』各年

経済企画庁『昭和31年経済白書』

『平成11年版環衛ハンドブック―環境衛生関係営業資料』中央法規

国民生活金融公庫『業務統計年報―平成18年版』

第 7 章
1.
内閣総理大臣官房審議室『観光行政百年と観光政策審議会三十年の歩み』昭和 55 年
2.
運輸省観光部業務課『外客斡旋の現況』昭和 25 年
国際観光旅館連盟『国観連 40 年の軌跡』昭和 63 年
5.
総理府・国土交通省『観光白書』各年
重松敦雄『ホテル物語―日本のホテル史』柴田書店、昭和 41 年

第 8 章
1.
日本観光旅館連盟『日観連 40 年の系譜』平成 2 年
2.
日本交通公社編『現代観光用語事典』1984

第 9 章
1.
「厚生労働省、年金・健康保険福祉施設を売却方針」朝日新聞平成 20 年 9 月 9 日付
2.
白木信平「シナ忠それからの 50 年」愛知県ホテル・旅館生活衛生

同業組合『組合創立50年史』平成20年
　　高田亮爾『現代中小企業の構造分析』新評論、1989
　　大阪府労働部『労働市場概要』昭和38年度11月
　　木村吾郎『大阪地区における中小サービス業の実態―その4旅館業』
　　　大阪府立商工経済研究所、昭和40年
　　総理府統計局『事業所統計調査』各年
　　細井　勝『加賀屋の流儀』PHP研究所、2006
　　林　周二『流通革命』中公新書、昭和38年
　　「検証構造改革③」朝日新聞平成18年8月17日付

4.
　　木村吾郎『昭和60年度大阪府旅館業の業界企業診断』大阪府衛生部、
　　　昭和61年

5.
　　総務省『サービス業基本調査報告』全国編、平成元年、平成11年
　　日本交通公社調査部編『観光読本』東洋経済新報社、1994
　　「京都夏の宿―柊家」『文藝春秋』2007・8月号
　　松田忠徳『温泉旅館格付ガイド』新潮社、2009
　　文化庁文化財部編著『総覧登録有形文化財建造物』海路書院、
　　　2005
　　JTB『時刻表』2009年5月号

6.
　　日本観光協会編『数字でみる観光―2008～2009年度版』創成社、
　　　2008
　　石川理夫『温泉法則』集英社新書、2003
　　日本交通公社編『観光読本第2版』東洋経済新報社、2007

環境省総合環境政策局編『環境統計集』平成 21 年

第 10 章
1.
厚生省『衛生年報』、『衛生行政業務報告』、平成 15 年以降厚生労働省『保健・衛生行政業務報告』

『数字でみる日本の 100 年』改訂第 5 版、国勢社、2006

2.
運輸省大臣官房観光部編『ホテル業の現状と問題点』大蔵省印刷局、昭和 45 年

3.
丁字晴夫「日本ホテル協会」日本交通公社編『現代観光用語事典』、1984

作古貞義「ビジネス・ホテル」長谷政弘編著『観光学辞典』同文館、平成 9 年

木村吾郎「戦後のホテル業の発展とビジネスホテルの展開」大阪府立商工経済研究所『商工経済研究』第 3 号、1977

『月刊ホテル旅館』柴田書店、昭和 51 年 2 月

『ホテル旅館経営全集Ⅰ』柴田書店、昭和 44 年

『社団法人全日本シティホテル連盟の概要』平成 11 年

4.
原　勉・岡本伸之・稲垣　勉『ホテル産業界』教育社新書、1985

「第一ホテルの更生計画認可、東京地裁」日本経済新聞平成 13 年 8 月 1 日付

長野県『市町村別主要統計』平成20年
「ルートイン私的整理・再建へ」朝日新聞平成21年6月25日付
松尾定行『駅前旅館をいとおしむ』クラッセ、2008
厚生省生活衛生局『平成9年度環境衛生関係営業経営実態調査』

第11章
1.
日本観光協会『観光の実態と志向』平成18年調査
3.
「政府年2％成長目標、新戦略発表」朝日新聞平成21年12月31日付
4.
国際観光旅館連盟『近畿支部会員名簿』平成17年6月1日現在
JTB『時刻表』2007年9月号

著者紹介

木村　吾郎（きむら　ごろう）

1928 年	滋賀県生まれ
1952 年	関西大学短期大学部商工経営科卒業
1953 年	大阪府立商工経済研究所勤務
	中小企業・商業・サービス業の調査研究、業界診断等に従事
	流通経済室長、総括研究員
1983 年 3 月	退職
4 月	八代学院大学、大阪産業大学、阪南大学非常勤講師
1987 年 4 月	大阪商業大学商経学部専任講師
	助教授、教授、大学院地域政策学研究科兼任
1998 年 3 月	退職

著書：『現代日本のサービス業』（商工組合中央金庫第 7 回中小企業研究奨励賞受賞）
　　　新評論、1981
　　『現代皮革工業の研究』明石書店、1986
　　『日本のホテル産業史』近代文藝社、1994
　　『日本のホテル産業 100 年史』明石書店、2006

共著：大阪府立商工経済研究所編『大阪の経済構造とその変貌』法律文化社、1980
　　　藤田敬三・竹内正巳編『中小企業論』（第 4 版）有斐閣、1998
　　　長谷政弘編著『観光学辞典』同文館出版、1997
　　　部落解放・人権研究所『部落問題・人権事典』解放出版社、2001
　　　東邦学園大学地域ビジネス研究所編『近代産業勃興期の中部経済』唯学書房、
　　　2004　ほか

論文：「戦後のホテル業の発展とビジネスホテルの展開」（財団法人日本交通公社昭和
　　　51 年度観光文化振興基金奨励賞受賞）大阪府立商工経済研究所『商工経済
　　　研究』第 3 号、1977　ほか

旅館業の変遷史論考

2010 年 7 月 5 日　初版第 1 刷発行

著　者	木村　吾郎
発行者	石井　昭男
発行所	福村出版株式会社
	〒113-0034　東京都文京区湯島 2-14-11
	電話　03（5812）9702
	FAX　03（5812）9705
	http://www.fukumura.co.jp/
印　刷	株式会社スキルプリネット
製　本	有限会社高地製本所

©Goro Kimura 2010 Printed in Japan

（定価はカバーに表示してあります）
ISBN978-4-571-31019-5 C3036

福村出版◆好評図書

岡原 都 著
戦後日本のメディアと社会教育
●「婦人の時間」の放送から「NHK婦人学級」の集団学習まで
◎5,000円　ISBN978-4-571-40024-7　C0036

社会教育番組の資料と台本を分析し、女性視聴者が多方面で果たした役割を、戦後女性史の視点から検証する。

佐々木道雄 著
キムチの文化史
●朝鮮半島のキムチ・日本のキムチ
◎6,000円　ISBN978-4-571-31016-4　C3022

写真や図表を多数使用し、キムチの歴史と文化をダイナミックに描く。日本のキムチ受容についても詳述する。

内藤陽介 著
韓国現代史
●切手でたどる60年
◎2,800円　ISBN978-4-571-31014-0　C3022

1945年朝鮮解放から2008年李明博政権誕生まで、豊富な切手・郵便資料から読み解くユニークな韓国現代史。

片倉 穰 著
朝鮮とベトナム 日本とアジア
●ひと・もの・情報の接触・交流と対外観
◎4,500円　ISBN978-4-571-31013-3　C3022

朝鮮とベトナムの歴史的・文化的共通点を探り、日本と共に漢字文化圏を共有した経緯を軸に現代アジアを解説。

山本薫子 著
横浜・寿町と外国人
●グローバル化する大都市インナーエリア
◎3,800円　ISBN978-4-571-41039-0　C3036

グローバル化により急増した外国人を対象に、その実態調査と分析を通して、変貌を遂げる寿町の現状を描き出す。

德岡秀雄 著
少年法の社会史
◎3,300円　ISBN978-4-571-31015-7　C3021

01年少年法大改正とは。前近代の刑事司法政策から明治、大正、昭和の少年法を概観し、少年司法文化の社会学を論説。

尾畑文正 著
真宗仏教と現代社会
◎4,800円　ISBN978-4-571-30035-6　C3010

真宗仏教と現代社会との関係を主体的に捉え直し、非戦反差別と人間性の回復をめざす真宗平和学を提唱する。

◎価格は本体価格です。